DE LA

RÉHABILITATION

DES

CONDAMNES POLITIQUES.

PARIS.—IMPRIMERIE DE AUG. AUFFRAY,

Passage du Caire, 54.

DE LA
RÉHABILITATION

DES
CONDAMNÉS POLITIQUES,

RÉPONSE AUX DISCOURS DE MM. DUPIN AINÉ ET BARTHE.
(*Chambre des Députés, séance du 16 février 1833.*)

QUESTION DE DROIT POLITIQUE.

OBSERVATIONS ADRESSÉES A TOUS LES BARREAUX DE FRANCE,

PAR

P.-J.-S. DUFEY (de l'Yonne), avocat.

> Je voudrais qu'on fît de la réhabilitation
> des accusés un jour de fête ou de triomphe;
> une fête patriotique consacrée à cet objet
> serait une des plus belles institutions mo-
> dernes, et l'antiquité n'aurait rien de plus
> digne d'être célébré.
>
> (Pastoret, des lois pénales,
> 2ᵉ v. 4ᵉ partie, p. 119.)

PRIX : 2 F. 50 C.

Paris,

BOUSQUET, LIBRAIRE, AU PALAIS-ROYAL.

—

1833.

DE LA

RÉHABILITATION

DES

CONDAMNÉS POUR CAUSE POLITIQUE

SOUS LE GOUVERNEMENT DÉCHU.

> Je voudrais qu'on fît de la réhabilitation
> des accusés un jour de fête ou de triom-
> phe ; une fête patriotique consacrée à cet
> objet serait une des plus belles institu-
> tions modernes, et l'antiquité n'aurait
> rien de plus digne d'être célébré.
>
> (PASTORET, des lois pénales,
> 2ᵉ v. 4ᵉ partie, p. 119.)

La pétition de la commission des condamnés politiques a soulevé une question de la plus haute importance ;
sa solution intéresse plusieurs milliers de familles. C'est
pour elles une question d'existence civile et politique.
Elle est grave, sans doute, mais elle n'est point nouvelle. Toutes les assemblées législatives qui se sont
succédées, depuis 1789, l'ont examinée ; elle a été l'objet
de discussions approfondies, elle a toujours reçu la même
solution. La marche à suivre était indiquée par de
nombreux précédens, et un seul a été cité par l'un des

orateurs qui ont occupé la tribune dans cette mémorable séance. Les étranges doctrines, soutenues par MM. Barthe et Dupin aîné, sont entièrement opposées aux principes consacrés en pareille matière par la constituante et par toutes les assemblées législatives. Aucun des cas pour lesquels les nouveaux codes, qui nous régissent, ont admis la réhabilitation et la révision, n'est applicable aux arrêts, aux jugemens qui ont frappé les pétitionaires et leurs nombreux commettans. Leur réhabilitation par voie judiciaire est impraticable, impossible. Cette proposition va être démontrée par la double autorité des lois et des faits.

§ PREMIER.

Rapport et discussion à la Chambre des Députés,
le 16 février dernier.

La question de la réhabilitation devait dominer tout le débat. M. Sapey, rapporteur, l'a tranchée par une fin de non-recevoir, il a cru devoir se borner à exprimer l'opinion de la commission dont il était l'organe. « Les condamnés politiques, a-t-il dit, insistent surtout » pour obtenir *la cassation* des arrêts prononcés contre » eux. Ils font remarquer à ce sujet que l'ordonnance » royale, contresignée par notre honorable collègue » M. Dupont de l'Eure, alors garde des sceaux, en date du » 26 août 1830, qui a fait cesser tous les effets des juge- » mens rendus contre eux à raison des délits politiques, et » qui les a rétablis dans leurs droits civils et politiques, » est une amnistie, c'est-à-dire la remise d'une peine » et non la réparation d'une injustice ; réintégrés dans

» leur liberté, ils ne le sont pas, disent-ils, dans leur hon-
» neur ; aussi vous demandent-ils une loi qui annule
» les jugemens ou arrêts que les passions politiques ont
» dictés contre eux. Dans le nombre des condamnés
» politiques, s'il en est qui ont acquis des titres à la recon-
» naissance du pays, et que les ordonnances de juillet,
» rendues lorsque depuis plus de huit années le pouvoir
» de la couronne ne rencontrait qu'une opposition légale
» et constitutionnelle, ont pris soin de justifier ; il en est
» d'autres aussi qui, parce qu'ils furent ennemis du gou-
» vernement de la restauration, semblent avoir fait de
» l'hostilité contre tout gouvernement un principe ha-
» bituel. Ceux là se plaisent à proclamer que la plus
» haute vertu du citoyen est la disposition d'esprit qui
» le porterait à travailler sans relâche au renversement
» du gouvernement de tout pays, quel qu'il soit. Ceux qui
» après avoir désiré la chute de celui de la restauration,
» continueraient à se montrer animés des mêmes senti-
» mens à l'égard du gouvernement national de Louis-
» Philippe, prouveraient que ce n'est pas dans le
» patriotisme qu'ils prenaient et qu'ils prendraient
» leurs inspirations, mais dans le goût des émeutes et
» dans la haine de l'ordre public. Votre commission a
» pensé que le pouvoir de la chambre expirait devant
» un jugement rendu en dernier ressort, quelque injuste
» qu'il ait pu être, et que par conséquent on ne pouvait
» vous proposer un projet pour l'annuler. C'est au gou-
» vernement qu'il appartient de vous proposer les
» moyens de réparer, autant qu'il est en lui, les pertes
» et les iniquités dont les pétitionnaires ont été victimes.
» Il n'a pu jusqu'ici en soulager qu'un petit nombre, et
» il paraît certain qu'au lieu d'augmenter les secours,

» il sera obligé de les restreindre, attendu que les fonds
» dont il a disposé jusqu'ici en faveur des plus nécessi-
» teux des condamnés politiques doivent avoir une tout
» autre destination...... Vous reconnaîtrez, avec votre
» commission, que votre intervention est devenue indis-
» pensable, parce que toutes les voies seraient inutile-
» ment tentées, et que vous seuls pouvez donner de
» l'efficacité à l'intérêt que le gouvernement ne peut
» refuser aux victimes de la restauration, l'autorise à
» vous proposer les moyens qu'il croira nécessaires pour
» venir au secours des condamnés politiques les plus
» méritans et les plus infortunés, est ce qu'il y avait de
» plus convenable à faire. Votre commission m'a chargé
» de vous demander le renvoi, à M. le ministre de l'inté-
» rieur, des pétitions, dont je viens de vous rendre
» compte. »

Ainsi, les conclusions de M. le rapporteur se résument;
1° à considérer la demande en réhàbilitation comme
inutile; attendu que l'ordonnance royale aurait suffi
pour réintégrer les pétitionnaires dans leurs droits civils
et politiques; 2° que les *pouvoirs de la chambre expiraient*
devant un jugement en dernier ressort quelqu'injuste
qu'il ait pu être; 3° que son intervention n'était nécessaire que pour autoriser le gouvernement à lui proposer
les moyens de venir au secours des condamnés politiques
les plus méritans et les plus nécessiteux.

Il fallait plus que du courage pour lutter pendant
seize ans contre un gouvernement imposé par l'étranger à la France envahie et non conquise, et qui, sous
la protection des lances des cosaques, avait livré une
partie de son vaste territoire à ceux qu'il appelait ses
alliés, et qui avait couvert l'autre de cours prévôtales

et d'échafauds; et cependant on n'a pas craint de signaler à la tribune ces héroïques défenseurs de la cause sacrée de la patrie et de la liberté, comme des hommes dangereux, en conspiration permanente contre tous les gouvernemens quels qu'ils fussent. On se vantait même naguère d'être resté étranger à leurs efforts et à leurs vœux. Les condamnés politiques qui ont survécu à leurs amis morts sur les échafauds, dans les bagnes, ou sous les poignards des bandes d'assassins de l'ouest et du midi, n'ont pris aucune part dans les émeutes qui ont agité la capitale et les départemens depuis 1830. Ce fait important a été attesté par le rapporteur de la commission, et cette allégation s'est renouvelée à l'instant même où elle venait d'être démentie.

M. *Bignon* a peint dans toute sa hideuse nudité ce gouvernement qui pesa pendant seize ans sur la France, et qu'elle a renversé dans un dernier combat de trois jours. Toute conspiration s'arrête dès que son but est atteint; les conspirateurs n'ont plus alors qu'une pensée, qu'un intérêt, le maintien du nouvel ordre de choses qu'ils demandaient et qu'ils ont obtenu. Et les hommes du pouvoir qu'ils ont fondé au prix de leur sang, ne doivent voir en eux que leurs défenseurs naturels et nécessaires. Le nouveau gouvernement ne peut oublier leurs services, méconnaître leurs droits, sans renier son origine, sans compromettre son existence.

« Loin de moi, a dit M. Bignon, la pensée d'offrir une prime aux conspirations; mais il ne faut pas non plus oublier trop vite tout ce que la grande majorité de la population a eu de désagrémens et d'humiliations à souffrir, sous les deux derniers règnes. Si, dans quelques-unes des dernières années, l'esprit du pays, devenu plus énergique, a tenu en respect la mauvaise volonté du pouvoir, à combien de vexations particulières, tous les amis de la liberté n'avaient-ils pas été exposés dans les dix ou douze années précédentes? Nous avons le droit d'en parler aujourd'hui, car, alors même, nous n'avons pas gardé le silence sur les tracasseries du pouvoir et sur ses infâmes provocations. Nous ne devons donc pas craindre aujourd'hui de défendre ces hommes qui tombaient dans les piéges qu'on leur tendait de toutes parts. Et s'il en est d'autres qui se sont d'eux-mêmes jetés dans des mouvemens hazardeux, plaignons une irritation trop légitimée par les injustices personnelles, dont ils étaient l'objet. D'autres encore, messieurs, réclament notre indulgence : ce sont ceux qu'entraîna le fanatisme le plus noble de tous, le fanatisme de l'indépendance et de la dignité nationale. Et qui de nous pourrait ne pas garder un pieux souvenir à ces jeunes militaires rêvant de liberté et de gloire, qui ont marché si fièrement à la mort, avec la foi en eux-mêmes et la confiance qu'ils donnaient leur sang à la patrie.

« Le sentiment si noble, si digne d'éloges qui, sous la restauration, dominait essentiellement les cœurs français, qui portait à de périlleuses résolutions des imaginations vives et ardentes : c'était surtout la haine de l'étranger. Le jour où le plus habile des deux derniers rois avait eu lui-même la maladroite indiscrétion de dire qu'*après Dieu c'était au roi de la Grande-Bretagne qu'il devait sa couronne*, ce jour il avait autorisé la France, à voir dans sa personne, dans sa race, le don de l'étranger. Il y avait, il devait y avoir guerre plus ou moins patente, plus ou moins active, mais guerre permanente, continue entre l'esprit du peuple et l'esprit des princes qui prétendaient tenir leur couronne d'une autre main que de celle de la nation. Sans doute, comme on l'a dit avec vérité, le peuple ne se levait pas, les masses ne conspiraient pas, elles ne marchaient pas, mais leurs affections, leurs vœux éclataient en faveur du petit nombre d'hommes déterminés, qui, dans leur témérité aventureuse, croyaient, en se perdant eux-mêmes, servir la cause commune. Les masses tout en restant immobiles, pleuraient les martyrs qui périssaient pour elles. Laisserons-nous aujourd'hui sans secours, sans ressources ceux de ces hommes courageux qui ont subi la colère de la royauté déchue, qui ont survécu à sa vengeance. La politique et la justice nous le défendent également.

« Les révolutions, si elles veulent se maintenir, doivent éviter l'ingratitude. Elles doivent l'éviter surtout envers les hommes qui ont été leurs précurseurs, qui, les premiers, soit pour repousser une oppression personnelle, soit dans un intérêt général plus ou moins bien entendu, ont essayé de rompre un joug que la nation tout entière devait briser plus tard. Dans tous les pays, en effet, lorsqu'un grand changement s'est opéré dans l'état, le premier soin des législateurs et du gouvernement nouveau est de payer un tribut de reconnaissance aux victimes du pouvoir qui vient d'être renversé. »

L'orateur cite ensuite la loi rendue le 8 décembre dernier par le grand-conseil suisse en faveur des condamnés politiques, et rappelle la décision du parlement anglais pour la réhabilitation de Burton, Rastwick, Prinne, Lillburn et Hambden, etc. Une large indemnité fut votée pour les quatre premiers ; mais ils ne la reçurent pas, parce que *tel est le sort commun des mérites anciens, bientôt effacés par des mérites ou des besoins nouveaux*, a dit M. Guizot, auquel l'orateur a emprunté cette citation. M. Guizot a tenu depuis à la tribune un tout autre langage à propos des condamnés politiques de son pays; mais il était ministre, M. Bignon parle ensuite des prodigalités du gouvernement déchu en faveur des chouans et des émigrés. « Ce gouvernement, dit-il, faisait ce que jamais nous ne vous conseillerons de faire, parce qu'il n'y a nulle ressemblance entre les condamnés politiques des deux époques. Jamais heureusement notre belle révolution n'a été souillée par l'emploi d'armes que l'honneur doive désavouer. C'était un duel entre des généreux champions et un pouvoir qui refusait de se nationaliser. Vous avez, messieurs, il y a quelque temps, voté des fonds pour ériger un monument à la mémoire des combattans de juillet ; les hommes pour lesquels nous invoquons votre bienveillance sont des blessés de juillet, qui avaient combattu avant l'heure. En butte à l'esprit de parti qui *maîtrisait* le pouvoir lui-même, les condamnés politiques de la restauration ne se soulevaient que contre un gouvernement imposé à la France par l'étranger. Un seul d'entre eux paraît s'être mêlé aux troubles qui, depuis 1830, ont affligé la capitale ; tous les autres font des vœux pour l'affermissement de la monarchie de juillet ; tous, ils sont prêts à se dévouer pour sa défense. » L'orateur appuie le renvoi au ministre de l'intérieur.

M. de Laborde demande le renvoi au président du conseil. « Je ne rentrerai pas, a-t-il dit, dans la question de l'autorité des souverains et du droit des peuples ; il nous suffit d'être persuadé de la nécessité, de la justice de la révolution de juillet. Si cette révolution n'eût pas réussi pour tous, nous serions aujourd'hui des condamnés politiques, et nous aurions besoin pour nous-mêmes de la faveur que je viens solliciter pour d'autres. Mais, quelque justes que soient des révolutions, il est rare qu'elles soient le résultat d'une explosion spontanée, d'un mouvement non attendu ; elles sont ordinairement produites par une accumulation de griefs, une suite de tentatives infructueuses, et ceux-là qui les ont préparées ont autant de titres à leur succès que ceux qui les ont exécutées : seulement ce sont ordinairement ces derniers qui en profitent, et les autres qui en sont les victimes. »

L'orateur rappelle les persécutions de l'ancien gouvernement contre les hommes courageux et indépendans qui préparèrent l'ère de la civilisation et de l'indépendance, les quatre-vingt-quinze mille lettres de cachet lancées sous le ministère du cardinal de Fleury. Il aurait pu ajouter celles plus nombreuses encore lancées sous ses successeurs, et par ce duc de la Vrillière, dont la longévité ministérielle est sans exemple dans l'histoire des gouvernemens, et qui conserva pendant plus d'un demi-siècle le portefeuille des lettres de cachet, que sa maîtresse, qu'il avait faite marquise de Langeac, et l'autre amant de cette vieille prostituée livraient à tout venant au prix fixe de 25 louis. « On a porté, dit-il en terminant, une accusation grave contre la révolution de 1789; c'est celle de l'ingratitude. On l'a comparée à Saturne, qui dévorait ses enfans. Messieurs, qu'on ne fasse pas à la révolution de

1830 un plus grave reproche, celui de dévorer ses pères, ou, ce qui est la même chose, de les laisser mourir de faim. »

M. Dupin s'oppose à la réhabilitation en masse. « La pétition consisterait, dit-il, à solliciter pour les condamnés politiques en masse, et sans distinction, des indemnités pour leurs pertes, des réhabilitations qui feraient disparaître les taches et l'impression de leur condamnation, et même des emplois, s'il y en avait de vacans qui pussent leur être attribués.

« A Dieu ne plaise que je méconnaisse l'intérêt que méritent et que réclament plusieurs des condamnés politiques. J'ai employé plus de temps de ma vie à les défendre, qu'à défendre les intérêts généraux ; mais quand j'exerçais mon droit en les défendant devant la justice par des moyens qu'avouait la justice, par des armes que mettaient dans mes mains les lois de mon pays, je n'attaquais pas l'ordre social. Mais aujourd'hui, au lieu de me laisser aller à un sentiment aveugle d'intérêt, à des sentimens qui seraient déplacés s'ils faisaient fermer les yeux sur la nouvelle situation où nous sommes placés, je me demande si une pareille pétition pourrait être admise sans aucune distinction : je ne le pense pas. Que des indemnités pécuniaires soient accordées au malheur, et qu'elles soient accordées en connaissance de cause et avec discernement des situations ; je ne crois pas qu'il y ait une seule voix pour s'opposer à une pareille proposition.

« Les peines ont été remises ; et quant aux emplois, sans doute il peut y avoir des hommes qui, ayant été condamnés par une opinion, peuvent être relevés par une opinion contraire, si dans les accusations dont ils étaient l'objet, il n'y avait pas le mélange de ces faits qui, dans tous les temps, sont en opposition soit avec les lois, soit avec l'ordre social, soit avec la morale toujours subsistante.

« Mais vouloir établir en thèse générale qu'on pourra trouver dans une condamnation le principe d'une candidature, et que, par cela seul qu'on a été condamné, on est candidat privilégié, c'est une prétention à laquelle je m'oppose comme à une subversion de tous les principes.

« Ensuite, qu'est-ce que cela signifie, des réhabilitations en masse? L'homme injustement condamné seulement pour délit d'opinion n'en appelle qu'à l'opinion ; celui-là n'a pas besoin de demander une réhabilitation, elle lui est octroyée de plein droit. Mais on demande quelque chose de plus : on a senti le poids d'un jugement et on demande qu'il soit annulé; on demande une loi pour anéantir ce jugement, c'est-à-dire qu'on demande la chose la plus monstrueuse, la plus illégale, la plus inconstitutionnelle; une chose qui soulève à la fois ma raison comme homme, comme citoyen, comme magistrat.

«Il faut considérer l'ordre public, l'intérêt social ; il faut considérer, non pas seulement l'intérêt des condamnés, mais aussi l'honneur des magistrats et l'honneur des jurés, de ceux à qui la société et les lois en vigueur avaient confié le soin d'appliquer des peines, de venger l'ordre social. Il faudra donc aussi que plus tard ces juges, ces jurés, vous présentent des pétitions, et vous disent : « Nous étions juges, nous étions jurés; nous » avions fait serment de juger en notre ame et con- » science, et ce serment, nous l'avons rempli; excusez-

» nous. » En ce moment, ce sont les condamnés que l'on vous propose de réhabiliter, et ce sont les juges que vous plongeriez dans l'avilissement!... Messieurs, il faudrait donc refaire tout le passé, et bouleverser toutes les idées de morale ou de droit.

« Les réhabilitations ordinaires sont individuelles; elles se font en connaissance de cause et avec des formes solennelles; c'est la justice qui a condamné, qui intervient; c'est elle qui modifie, s'il y a lieu, son ouvrage, et qui le modifie avec la puissance de la loi : là, il n'y a pas infraction à tous les principes, mais il y a, au contraire, respect parfait et des formes et de la loi.

« Quand j'ai demandé des révisions, c'est en ces termes que je les ai demandées.

« Ici, au contraire, c'est une réhabilitation en masse que l'on réclame, et par quels singuliers motifs?

« On voudrait faire considérer ceux qui ont attaqué un gouvernement établi comme les auxiliaires futurs et éventuels d'un gouvernement quelconque qui viendra ; et comme l'avenir n'appartient à personne, comme il est toujours permis de supposer qu'après une forme de gouvernement, il en viendra une autre, il en résulterait qu'il n'y aurait pas de bien et de mal absolu, de juste et d'injuste absolu, qu'il n'y aurait pas de lois actuellement en vigueur, que le crime ne sera que conditionnel et la répression qu'éventuelle ;... qu'enfin le mal ne pourra pas être appelé mal, et qu'on vous dira : Attendez, peut-être dans quinze ans ce sera bien, peut-être dans vingt ans ce sera héroïque!... Ce n'est pas là la morale, c'est la subversion de toute morale et de toute vérité.

« Mais comme ordinairement on est aveugle dans sa

cause, il faut transporter la question sur le terrain d'autrui, et l'on va voir comment on apprécierait dans cette hypothèse.

« Je suppose que quelqu'un dise dans la Vendée :
» Continuez de vous battre, braves gens, continuez
» d'aller piller les fermes, assaillir les patriotes, ran-
» çonnez, torturez : est-ce que ce sont des lois qu'on
» vous oppose? est-ce que ce sont des magistrats?
» Est-ce que c'est un bon gouvernement que celui que
» vous attaquez? Non, assurément : la légitimité vien-
» dra plus tard; vos crimes, ce sont des pétitions au
» gouvernement futur; vienne Henri V, et vous vien-
» drez avec le récit de vos faits à la main, réclamer
» des récompenses, réclamer des places, réclamer des
» indemnités ! »

« Messieurs, la morale véritable, c'est que, lorsqu'un gouvernement est établi, qu'il y a des lois, des magistrats, un ordre régulier, on doit obéissance à ces lois, à cet ordre régulier : quiconque conspire contre cet ordre de choses, quiconque veut le détruire ou par le fer ou par le feu, ou par tout autre moyen qu'on emploie pour renverser un gouvernement, celui-là est coupable non-seulement aux yeux du gouvernement établi, mais aux yeux de la morale qui dit : « Quand il existe une
» loi, il faut obéir à cette loi; quand on la viole, on
» doit être puni, et alors la punition est juste, et par
» conséquent on ne peut pas flétrir les juges qui l'ont
» prononcée. »

« Dans cette circonstance, après avoir posé les principes que je ne voulais pas voir sacrifier, je reprends volontiers toutes les émotions qui nous ramènent du côté de l'intérêt que méritent les personnes.

« Je ne m'oppose pas à ce que des secours soient donnés et distribués avec discernement ; mais je m'oppose à ce qu'on flétrisse indistinctement et sans examen, des jugemens rendus dans les formes tracées par la loi, et qu'on érige en maxime cette proposition, qui aurait les plus grands dangers, et pour le présent et pour l'avenir, cette maxime : que l'homme qui conspire et ne réussit pas, n'est qu'un soldat qui marche avant l'ordre, qui tire avant le feu, qui ne pêche que par le défaut de temps, mais qui peut compter sur l'avenir pour voir finalement réhabiliter son action. »

M. de Schonen croit que si la demande des condamnés politiques avait été présentée à une époque plus rapprochée du dernier jour de juillet 1830, il n'y avait aucun dissentiment relativement à ces hommes dont les uns ont couru les plus grands dangers, dont les autres ont été livrés à la mort pour la liberté. Mais ces temps sont changés. Malheureusement la révolte a paru dans Paris, alors on a craint que ce qu'on pourrait faire en faveur des condamnés politiques qui auraient conspiré contre un gouvernement, ne fût une prime donnée à l'insurrection, insurrection flagrante dans la capitale. Quant à moi la cause des condamnés politiques, et je m'en honore, excite toute ma sympathie, je ne puis voir un martyr de la liberté flétri pour elle, sans verser des larmes sur ses blessures.

» Quand on vient dire que nous accordons un encouragement aux condamnés politiques frappés par le gouvernement déchu, nous renversons la morale publique, que nous créons une morale arbitraire transitoire, triomphante aujourd'hui et mourante demain, on se trompe ; c'est au contraire le système qu'on vous a présenté qui tend à faire de la morale transitoire triomphante aujourd'hui et alors vertu, demain proscrite et alors crime.

» Je crois un principe éternel de liberté et d'égalité pour lequel j'ai toujours combattu. Je crois que ce principe-là peut bien quelquefois succomber, mais je ne puis pas croire qu'il soit jamais vaincu, et vaincu pour jamais. De manière que je puis dire de ces fanatiques Vendéens, de ceux qui combattent pour le despotisme et la superstition, qu'on peut bien les égarer, mais qu'on ne pourrait jamais me faire croire que cet encouragement, donné pour ainsi dire frauduleusement à une masse ignorante, puisse être comparé à ce principe éternel de morale publique et de liberté qui sont impérissables.

» Je reviens à ce que j'avais l'honneur de vous dire. Avant juillet, nous n'avions qu'une âme, qu'un cœur, qu'un sentiment commun envers les condamnés politiques ; et quand ces quatre malheureux jeunes sous-officiers de la Rochelle moururent à Paris, leur mort fut un véritable deuil public pour tout ce qui avait un cœur français. Il est impossible, dit-on, de faire une réhabilitation en masse (réhabilitation dont il n'est pas encore question). Messieurs, je crois qu'il faut rendre justice à chacun selon ses œuvres. Les juges qui ont condamné ont pu le faire en conscience avec la loi du pays. Je ne leur vote aucun blâme ; mais je ne veux pas que la victime ne puisse pas obtenir ni larmes ni regrets.

» Je sais qu'une réhabilitation en masse est difficile, et je conçois d'abord qu'elle n'est pas nécessaire pour les morts ; car la mort, messieurs, leur plus belle page, est dans le passé, qui a condamné, qui les a arrachés à la vie. Je ne viens pas non plus demander une indemnité pécuniaire pour des hommes qui ont été flétris par la main du bourreau ; ceux-là doivent avoir autre chose ; pour ceux-là, il faut que la réparation soit morale, que la réparation soit honorable, comme le despotisme avait voulu que la dégradation fût flétrissante. Je crois donc qu'il y a dans ce conflit de sentimens opposés un intérêt peut-être, jusqu'à un certain point, délicat et respecté, et qu'il faudrait qu'une commission nommée par le gouvernement s'occupât du sort des condamnés politiques qui ont survécu, et qu'on examinât leurs titres.

» Je crois donc, messieurs, qu'il faudrait que le gouvernement fît assembler une commission pour vérifier les titres des condamnés politiques, et voir quelle serait la rémunération qui pourrait être accordée aux uns, et en même temps l'espèce de réhabilitation à accorder aux autres.

» Dans la pétition qui vous a été soumise, il y a une circonstance qui n'a pas dû vous échapper. Cette circonstance est tirée de cette ordonnance royale du 26 août 1830 qui n'a pas été partout également exécutée, qui n'a pas reçu partout sa pleine exécution. Cela n'arriverait pas si, à la place d'une ordonnance, on mettait une loi. C'est encore une observation que j'ai l'honneur de vous soumettre.

» Je conclus en demandant le renvoi de la pétition au président du conseil des ministres, et en même temps, attendu le droit d'initiative de chacun des membres de la chambre, le dépôt au bureau des renseignemens. »

 M. d'Argout, ministre de l'intérieur, partage et appuie l'opinion de M. Dupin contre la réhabilitation. Il la croit impossible. Il divise les condamnés politiques en catégories d'après des renseignemens dont l'évidente inexactitude sera démontrée ci-après. Il énumère les secours donnés par le gouvernement aux condamnés politiques ; il considère comme légalement réhabilités et indemnisés ceux qui ont obtenu des places et des secours. Il déclare qu'un seul des condamnés politiques a figuré dans les émeutes de la capitale. Il conclut à ce que les choses restent dans l'état réglé par feu M. Perrier, et réclame une allocation de 6o,ooo fr. pour continuer les secours.

Cette allocation a été portée à 8o,ooo fr., et adoptée à la séance du lendemain, sur la proposition de MM. de Laborde et Vatout.

« Peu de temps après la révolution de juillet, dit le général Lafayette, j'eus l'honneur de présenter les condamnés politiques au chef de l'état (le général les appela ses complices) ; ils reçurent un accueil et des espérances que la chambre me paraît au moment de réaliser. (Voir la réponse du roi, *Moniteur* de septembre 183o.) Je dirai aussi que si le dernier président du conseil n'avait pas été enlevé à ses hautes fonctions et à ses amis personnels, il aurait été présenté aux chambres un projet de loi favorable aux condamnés politiques.

» C'est ainsi que nous avons vu le père d'un de nos collègues, Boissy-d'Anglas, proposer et faire passer, dans un temps où la confiscation était encore en usage, une loi qui rendait les biens confisqués aux enfans des victimes politiques.

» Aujourd'hui , messieurs, il s'agit de secours pour eux ; mais il me semble qu'il s'agit aussi de faire disparaître certaines dispositions sous lesquelles ils se trouvent encore et qui ont besoin d'être réformées.

2

» Je regrette que le hasard ait fait que notre honorable président n'occupe pas aujourd'hui le fauteuil, car celui qui le remplace aurait été indiqué par moi pour donner ses idées à ce sujet. Il a été défenseur des condamnés politiques. Je crois qu'il aurait pu nous donner de très-bonnes idées sur ce qu'il y aurait à faire judiciairement. Je regrette aussi que notre honorable collègue, M. le garde-des-sceaux, ne soit pas ici ; car sans doute cette matière ne lui est pas inconnue, et il aurait pu nous donner également de bonnes idées.

» Dans le cours de la discussion, quelques traits ont été lancés sur ceux qui se seraient permis de concourir à violer la loi existante. Messieurs, si l'on se rappelait certaines déclarations faites à cette tribune, il serait reconnu du moins qu'on n'avait manqué ni de franchise, ni de loyauté. Je me borne donc à appuyer les renvois qui vous ont été proposés. »

M. Bérenger, l'un de nos plus savans criminalistes, qui défendit avec tant de courage et de talent les condamnés politiques du Midi, devait en effet traiter l'importante question de la réhabilitation, en appuyant son opinion de preuves authentiques, pour démontrer que des poursuites avaient été dirigées par les agens du fisc contre des condamnés politiques en paiement d'amendes et de frais prononcés par jugemens de 1815, pour cause politique, entre autres une contrainte signifiée le 20 mars 1832 en exécution d'un jugement de 1815. M. Bérenger, vice-président, remplaçait M. Dupin au fauteuil ; il pria la chambre de l'entendre. La chambre se crut suffisamment éclairée sur la question. M. Bérenger ne fut pas entendu.

Il appartenait à M. Mérilhou, rédacteur de l'ordonnance du 26 août 1830, de s'expliquer sur les circonstances qui en avaient provoqué la rédaction, et sur ses motifs.

« Les condamnés politiques, a dit l'honorable orateur, ont fixé l'attention du gouvernement né des barricades de juillet, puisque, dès le lendemain de son existence, il a été rendu une ordonnance qui avait pour objet de faire cesser, autant que le permettaient les attributions du pouvoir exécutif, la situation dans laquelle ils se trouvaient.

« Cette ordonnance se trouvait malheureusement impuissante, et vous allez comprendre qu'il était nécessaire qu'une loi fît ce que l'ordonnance n'a pas pu faire. L'ordonnance a bien eu pour résultat d'ouvrir les portes des prisons à ceux qui y étaient enfermés, les portes de la France à ceux qui en étaient bannis; mais l'ordonnance n'a pas pu avoir pour résultat de faire cesser pour l'avenir l'effet des condamnations, et de rapporter la mort civile à l'égard de ceux qui en avaient été frappés; cette ordonnance n'a pas pu avoir pour résultat non plus, d'empêcher les agens des finances de poursuivre sur les condamnés politiques le recouvrement d'amendes et autres condamnations pécuniaires prononcées contre eux.

« En effet, vous concevez qu'il est impossible qu'une ordonnance puisse arrêter le cours d'un jugement et empêcher les agens des finances de faire les perceptions qui sont pour eux un devoir rigoureux. Une loi seule peut opérer ce double résultat.

« J'ajouterai qu'il reste encore quelque chose à faire pour eux. Je ne parle pas de la nécessité de leur donner des places; ce point a été traité par les orateurs qui m'ont précédé. Je veux parler de la restitution pécuniaire. Sous ce rapport j'invoquerai l'exemple de la convention nationale.

« Quand la convention fit cesser le régime affreux de la terreur, l'un des soins des représentans du peuple, rappelés au sein de la convention, fut de s'occuper du sort des victimes du tribunal révolutionnaire. C'est alors que fut rendue, sur la proposition de Boissy-d'Anglas, cette loi qui ordonnait la restitution à ceux qui avaient été frappés de condamnations pécuniaires. C'est pour vous un devoir d'agir de même. N'est-il pas contraire aux principes du gouvernement de juillet que les hommes qui ont été, pour ainsi dire, les précurseurs, et ont préparé la grande et sainte insurrection de juillet, que ces hommes qui par des écrits, au péril de leur vie, de leur fortune, de leur liberté, ont réveillé, entretenu parmi nous ces idées d'indépendance et de liberté; que ces hommes, précisément à l'époque où les principes pour lesquels ils ont conbattu viennent de triompher, ne recouvrent pas les sommes qu'ils ont payées en amendes ou autrement?

« Il me paraît donc tout à fait dans les devoirs de la chambre d'ordonner le renvoi au garde-des-sceaux, pour qu'il soit présenté, de concert avec ses collègues, un projet de loi pour ordonner la reddition des amendes, faire cesser la mort civile sous laquelle quelques-uns d'entre eux gémissent, et arrêter les poursuites en recouvrement de droits pour lesquels ils sont encore chaque jour frappés dans leurs biens et leurs personnes. »

M. Mauguin examine la question de réhabilitation sous le rapport judiciaire et sous le rapport politique.

« Tout gouvernement a l'instinct et le droit de sa conservation; par cela même que vous l'attaquez, il se trouve nécessairement en état de guerre contre vous. Comme la loi qui est instituée est obligatoire pour tout le monde, cette loi doit être appliquée. Je le déclare, si j'avais conspiré contre l'ancien gouvernement, que j'eusse été traduit devant les tribunaux et frappé de condamnation, je l'aurais trouvé juste; en politique, malheur au plus faible !

« Ainsi, ne nous occupons en aucune manière des magistrats qui ont prononcé sur le sort de ceux dont nous avons à juger les réclamations. Ils ont appliqué la loi d'alors. Ils ont veillé au maintien de l'ordre social d'alors, aux yeux d'aucun roi, même aux yeux de la loi politique, ils n'ont pas pu être coupables.

« La question, considérée sous le rapport politique, conduit à un résultat tout à fait opposé. Lorsque le corps social est ébranlé par un de ces grands mouvemens qui changent tout d'un coup le gouvernement, un nouveau principe s'établit, une nouvelle ame anime la société, et alors le droit et la raison apparaissent d'autre manière; ceux qui étaient vaincus deviennent vainqueurs.

« Par cela même qu'ils sont vainqueurs, ils ont le droit de faire triompher leurs principes, de demander des secours au pouvoir, pour eux et leurs amis qui étaient tombés victimes dans la route, qui ne sont pas arrivés aussitôt qu'eux ; la raison politique exige alors que vous veniez au secours de ceux qui ont été malheureux. La raison politique l'exige, et pourquoi ? Parce que vous devez, aussitôt qu'un nouveau principe est établi dans le corps social, lui donner des amis, lui créer des partisans, lui chercher des appuis. Il faut fonder un édifice solide. Croyez-vous que vous fonderez un édifice solide, si vous allez rompre sans sujet avec les sentimens qui ont fondé la révolution de juillet, blâmer les actions qui ont contribué à produire ce mouvement immense? Non, il n'y a de force, pour le trône de juillet, qu'en adoptant sans cesse, en appliquant toujours les principes qui ont amené la révolution de 1830.

« On veut, en parlant de la raison judiciaire, faire appliquer le principe politique, et faire condamner de nouveau ceux qui ont été déjà condamnés par les tribunaux. Mais alors, vous-mêmes qui n'agissiez pas, j'aime à le croire, j'en suis sûr, vous aviez tous les sentimens qui les animaient alors. Les personnes ne sont rien, les principes sont tout; nous voulons le triomphe des principes. Ainsi, il n'y avait entre eux et vous que la différence des pensées aux actions : ils étaient coupables aux yeux de la loi, vous êtes coupables aux yeux de la morale; vous aviez des sentimens qui ne convenaient pas aux yeux de la restauration, vous aviez des pensées, des principes, des sentimens qui convenaient au mouvement de 1830. Ces pensées étaient coupables, si les actions ont été régulièrement et politiquement condamnées. Nous ne pouvons pas nous condamner nous-mêmes, renoncer à nos principes, désavouer ce qui à nos yeux était une raison morale, une raison politique. Égalité et liberté, voilà quels ont été sans cesse et à toutes les époques les sentimens de la France : l'harmonie du pouvoir avec la liberté, voilà ce que nous voulons tous. Pour arriver à donner de la force au gouvernement, je le répète, ne rompons jamais avec les sentimens qui ont amené la révolution de 1830.

« Il y a eu des malheurs et des souffrances qu'il faut secourir. Je ne dis pas de rendre une loi qui proclame une réhabilitation universelle, je ne dis pas de verser le trésor sur les condamnés qui ont perdu leur fortune ; cependant pouvez-vous les laisser dans la position où ils sont ? Il y en a qui, frappés de mort civile, ne peuvent pas rentrer dans leurs biens : pouvez-vous les laisser dans une position pareille ? Vous avez en 1830 complété leur ouvrage, ils n'ont eu qu'un malheur, c'est de combattre avant l'heure. »

M. Chamaraule soutient qu'il n'y avait pas légalité dans les jugemens prononcés contre les condamnés politiques et il le prouve par des faits. Il cite ces cinq pères de famille de Montpellier qui, appelés comme gardes nationaux pour protéger l'ordre public, les personnes et les propriétés, pendant les cent jours, contre les bandes commandées par le marquis de Montcalme ; furent, plus d'un an après, condamnés à mort par la cour prévôtale de Montpellier, et exécutés. Le fait faussement qualifié par l'accusation, était antérieur à la loi du 9 novembre 1815, et cette loi était inapplicable. Les juges lui avait donnée un effet rétroactif, leur œuvre était donc illégale. Il déclare qu'une loi de réhabilitation est nécessaire, et que si le gouvernement ne prend pas l'initiative, il usera de son droit de faire une proposition, spécialement pour les familles des cinq victimes qu'il a signalées.

M. Sapey, au nom de la commission des pétitions, s'oppose au renvoi au ministre de la justice pour la réhabilitation. Il soutient que l'ordonnance a suffi pour rétablir les pétitionnaires dans la jouissance de leur droits civils et politiques, il persiste dans ses conclusions au renvoi au ministre de l'intérieur pour les secours à accorder.

M. Félix-Réal soutient que l'ordonnance est insufñsante, et il le prouve par un fait, « ce matin , dit-il, un condamné politique s'est présenté chez moi, il est porteur d'une hypothèque prise sur ses biens à la suite d'un arrêt qui l'a condamné, pour cause politique, à quatre mille et quelques cents francs d'amende. Ainsi c'est en 1832 que l'hypothèque a été renouvelée.

M. *de Ludre* affirme qu'un condamné à mort par coutumace, dans l'affaire Berton, n'a pu obtenir à son retour la tutelle de ses enfans, ni la main levée du séquestre sur ses biens, attendu, a dit le tribunal, que l'ordonnance du 26 août 1830 n'avait pas annulé un jugement; il aurait pu ajouter que ce même condamné, frappé comme tant d'autres de mort civile, avait été exclu de plusieurs successions échues en sa faveur, depuis sa condamnation; elles ont passé à des héritiers collatéraux.

M. *Mérilhou* cite le général Vaudoncourt, frappé de mort civile, et qui en a subi toutes les conséquences, ses biens ont été partagés, et depuis l'ordonnance il est interdit de ses droits civils et politiques. « Une ordonnance royale ne peut anéantir un jugement. On ne peut pas avancer une pareille hérésie, et une chambre des députés ne peut pas la consacrer par son vote. Il est impossible qu'un tribunal puisse reconnaître à une ordonnance du roi la possibilité d'effacer cet effet comme conséquence de la peine capitale , il est impossible que cette ordonnance puisse empêcher le ministre des finances de prendre des inscriptions sur les biens et de faire vendre les meubles. Ainsi la grace ne peut pas aller jusqu'à effacer la mort civile. Vous devez donc imiter l'exemple de la convention nationale que je vous ai cité. » (Loi du 4 brumaire an 4.)

M. *de Laborde*, insiste pour le renvoi au garde des sceaux.

M. *Barthe* croit l'ordonnance suffisante ; « le premier article dispose : que les jugemens, décisions, etc., rendus soit en France, soit dans les Colonies par les cours royales, les cours d'assises, les cours de justice criminelle, les cours prévôtales, les conseils de guerre ordinaires et extraordinaires, à raison de faits politiques, depuis le 5 juillet 1815 jusqu'au jour de la publication, cesseront d'avoir leur effet. » Ainsi tout ce qui n'était pas consommé s'arrêtait à l'instant même. La pensée de l'ordonnance était de faire disparaître tout l'avenir des condamnations. L'article 3 était aussi connu : « le trésor public ne sera tenu à aucune restitution de frais ni d'amende. » Il atteste qu'il n'est pas venu à sa connaissance qu'aucune amende restant due au trésor, en vertu d'anciennes condamnations, ait été réclamée, qu'aucun condamné politique qui se serait présenté pour exercer des droits de citoyens ait été repoussé. « Le mode de réhabilitation pour condamnation politique lui paraît donc inadmissible, inutile, » les choses jugées, maintenues, respectées ne peuvent être attaquées que d'après les règles prescrites par le code.

« Mais pour les condamnations politiques, à quoi servent les révisions par une loi ? Auriez-vous la pensée, en remontant à une époque quelconque, de ne pas laisser quelques-unes de ces condamnations qui affligent également la morale, l'humanité, et la législation. Elles sont toutes placées sous le principe conservateur, c'est que l'opinion du peuple, c'est que l'histoire juge tous les gouvernemens qui ont abusé de leur puissance pour frapper de proscription des individus, en profanant les formes même judiciaires. Ce n'est pas à des lois de révision, à des lois d'annulation de jugement, qu'il faut penser, mais à cette compensation qui se trouve dans l'opinion nationale, la seule que vous puissiez offrir. » Il ne s'oppose pas à un renvoi qui aurait pour objet de venir au secours des condamnés politiques.

M. Mauguin. « Il n'y a pas de doute que la position ne soit difficile. Les condamnations comportent l'acquittement, soit vis-à-vis les personnes mêmes, soit même vis-à-vis des tiers, des effets qu'il est impossible de détruire. Ainsi, nous ne pouvons pas demander que la loi vienne effacer le passé, c'est impossible; mais il y a un malheur encore existant en vertu de lois anciennes et que nous ne pouvons pas souffrir. Un homme est frappé de mort civile, toutes les successions qui ont pu lui échoir ont dû passer à ses parens; mais les successions à venir, vous ne voulez pas l'en dépouiller. Ce n'est que par une loi que vous pouvez effacer de pareilles traces. C'est une chose à examiner, il faut qu'une commission s'en occupe. Il faut que le renvoi soit ordonné. »

La chambre, à la presque unanimité, ordonne le renvoi au président du conseil, aux ministres de la justice et de l'intérieur.

§ DEUXIÈME.

Du principe de la réhabilitation, et de son application par voie législative.

La réhabilitation est la question principale. Le mode de réparation des pertes souffertes par les condamnés n'en est que la conséquence. La chambre avait le droit et le devoir de la résoudre immédiatement. On conçoit que sous l'empire de la charte octroyée en 1814, et lorsque l'initiative de proposition de loi était le privilége spécial de la couronne, il y avait nécessité de renvoyer au ministère les pétitions auxquelles on ne pouvait faire droit que par une loi nouvelle. On conçoit encore la nécessité de ce renvoi au ministère, quand il ne s'agit que de l'application d'une loi existante. Mais la charte de 1830 confère à chaque député le droit d'initiative. La chambre pouvait donc nommer une commission pour lui proposer le projet de loi relativement à la réhabilitation, et renvoyer au ministère pour la répartition des secours provisoires à accorder aux condamnés politiques ; son vote, à cet égard, se bornait à la fixation de la somme à porter au budget.

Je ferai remarquer que ces secours avaient dans l'origine reçu une autre dénomination. M. de Montalivet, alors ministre de l'intérieur, les qualifiait : *Traitemens provisoires en attendant un emploi.*

Déjà en 1831, la chambre avait prononcé un pareil renvoi au président du conseil, pour présenter un projet de loi sur le même chef de demande. Ce renvoi n'a eu aucun résultat. Les ministres alors n'avaient fait aucune objection, ni sur la réhabilitation, ni sur l'allocation des secours provisoires. La réhabilitation ne peut avoir lieu que par une loi ; tous les orateurs qui ont pris la parole sur cette grave question, MM. Barthe, Dupin et Sapey exceptés, en ont reconnu le droit et la nécessité.

La pétition ne parle nulle part de réhabilitation en masse, et applicable à toutes les condamnations indistinctement. Les pétitionnaires n'ont jamais pensé que la réhabilitation , appliquée à une condamnation pour cause politique , devînt pour celui qui l'aurait obtenue un brevet d'impunité pour toutes les condamnations qu'il aurait subies pour d'autres causes. Ils ont demandé 1° *l'abolition* des condamnations pour cause politique sous la restauration; 2° des indemnités pécuniaires proportionnées aux pertes que chacun d'eux a éprouvées par suite de ces condamnations. « Quand j'ai demandé des révisions, a dit M. Dupin, c'est dans les termes et suivant le mode prescrit par les lois existantes. » Mais ces lois dont il parle, qui ont défini, précisé les cas et le mode de procédure de la réhabilitation et de la révision, sont inapplicables à l'espèce, et fussent-elles applicables, il serait impossible, dans l'état actuel de notre magistrature, de statuer sur une seule des nombreuses condamnations prononcées pour cause politique, sous la restauration.

Il y a des milliers de citoyens arbitrairement condamnés ; il n'y a plus de juges pour constater et prononcer sur l'illégalité, l'injustice de leur condamnation.

La réhabilitation , telle que la définit le code d'instruction criminelle (art. 619), s'applique aux condamnés pour crime ordinaire, et qui ont subi une peine afflictive et infamante. Prétendrait-on assimiler les hommes condamnés pour opinion politique à des faussaires, à des banqueroutiers, à des voleurs et à des assassins ? Il faudrait, dans le système de M. Dupin, admettre cette absurde et révoltante assimilation. Jamais procureur-général, ni procureur du roi, sous la restauration, n'a fait attacher au pilori de la place publique les condamnés à la déportation pour cause politique. La déportation, en pareil cas, n'était pas con-

sidérée comme peine afflictive et infamante : la réhabilitation, telle que la définit le code, ne pouvait
donc leur être appliquée : et les déportés de la restauration se comptent par centaines. Quel serait le résultat d'une demande en révision? Les condamnés politiques seraient repoussés par une fin de non-recevoir.
La révision ne peut être admise que dans trois cas :
1° si deux accusés ont été condamnés par des tribunaux différens et pour le même fait, et qu'il ne peut
y avoir qu'un seul coupable; 2° si, dans le cas d'une
condamnation pour assassinat consommé, celui qu'on
prétendait avoir été tué était vivant; 3° si la condamnation a été prononcée sur faux témoignages, et si les
faux témoins ont été déclarés coupables. Hors ces cas, il
n'y a pas lieu à révision.

Il n'est que trop vrai, et de nombreux exemples
prouveraient, que beaucoup d'arrêts de cours prévôtales
et de cours d'assises, pour cause politique, sont enta-
chés de nullité : dans une foule de procès de ce genre,
de faux témoins ont été entendus, et la preuve contraire refusée aux accusés; mais aucun de ces témoins
n'a été poursuivi. Et qui pourrait douter que la plupart
de ces monstrueuses procédures ne soient entachées
d'illégalité? Combien de centaines de citoyens ont été
condamnés pour des faits qualifiés crimes ou délits par
la loi du 9 novembre 1815, mais antérieurs de plus
d'une année à cette loi. Il suffira de citer les cinq
pères de famille de Montpellier, gardes nationaux, qui,
sur l'ordre de la municipalité, avaient marché pour
faire respecter les lois, le 27 juin 1815, ont été pour ce
fait, transformé en crime, condamnés à mort le 22
juillet 1816, et exécutés. Les juges prévôtaux motivè-

rent leur arrêt sur la loi du 9 novembre 1815. Il y avait là illégalité flagrante. Les formes de procédure avaient-elles pu être observées par le conseil de guerre arbitrairement formé par le général Donadieu à Grenoble? Trente-et-un accusés, sans information préalable, sans débats, furent sucessivement jugés dans l'intervalle de quelques heures. Vingt-et-un ont été condamnés à mort et exécutés. La hache du bourreau, le plomb meurtrier n'ont pas atteint tous les proscrits. Beaucoup ont échappé à leurs juges-bourreaux; tous ont encouru la mort civile; tous sont privés de leurs droits de famille et de cité. Vainement ils demanderaient la révision de leurs procès. Ils ne se trouvent pas dans les cas spécifiés par le code.

La réhabilitation par voie judiciaire est impossible. M. Dupin, plus que tout autre, sait à quoi s'en tenir sur ce point. Il n'y a pas en France un seul tribunal, peut-être, qui soit compétent pour statuer sur la question. Les hommes qui composaient les cours prévôtales, les cours d'assises, les tribunaux correctionnels de la restauration, occupent encore, sauf avancement, les mêmes fonctions; et c'est à eux, que l'on conférerait le droit d'apprécier la justice, la légalité des arrêts ou des jugemens qu'ils ont rendus! On les constituerait juges et parties dans leur propre cause. A moins d'avoir abjuré tout sentiment d'honneur et de probité, ils se récuseront. S'ils ne se récusent pas, ils jugeront comme ils ont jugé.

Avant de renvoyer les condamnés politiques devant l'autorité judiciaire pour obtenir réhabilitation ou révision, il faudrait qu'ils eussent des juges, et ils n'en ont pas; ils se trouveraient encore en présence de ceux qui les ont condamnés, et qui les condamneraient encore, comme l'a fort bien dit M. Mauguin. Les codes n'ont disposé que pour les cas ordinaires, et les lois d'exception sont par leur nature en-dehors du droit commun. Ces lois ne sont que temporaires. Il n'appartient qu'au pouvoir législatif de les révoquer, d'en atténuer ou abolir les effets. La loi d'exception du 9 novembre 1815 avait créé de nouveaux cas de criminalité, de nouvelles pénalités, de nouvelles juridictions. Les arrêts et jugemens prononcés en exécution de cette loi sont des faits accomplis, il n'est pas au pouvoir des hommes de faire que les arrêts, les jugemens n'aient pas existé. Mais s'il est reconnu que cette loi de proscription était injuste, arbitraire, une loi nouvelle peut et doit en abolir les effets quant à l'avenir. C'est ce qu'ont fait l'assemblée constituante et toutes les assemblées législatives qui lui ont succédé. La première loi de justice et de réparation eut pour objet les descendans des religionnaires fugitifs proscrits, frappés de mort civile par l'ordonnance de révocation de l'édit de Nantes. Un siècle s'était écoulé depuis la promulgation de cette fatale ordonnance. D'autres générations avaient succédé à la génération proscrite ; mais l'assemblée nationale proclama en principe que, quant aux droits politiques des proscrits, la loi d'exception qui les avait illégalement frappés d'interdiction dans l'exercice du droit de cité était censée n'avoir jamais existé. « Lorsque des lois tyranniques, disait le rapporteur de la loi du 9 décembre 1790, ont méconnu les premiers droits de l'homme, ceux de la liberté des personnes et de la liberté d'opinion ; lorsque des proscriptions absurdes ont effrayé une classe de citoyens plus à plaindre qu'à punir ; lorsqu'un prince absolu fait garder par des troupes ses frontières, comme les portes d'une prison, ou fait servir sur les galères avec des scélérats, des hommes qui ont une croyance religieuse différente de la sienne : certes alors, la loi naturelle reprend son empire, et la loi politique ne perd pas ses droits. Les citoyens dispersés sur les terres étrangères ne cessent pas un instant d'être dans leur pays aux yeux de la loi. »

On a invoqué ce principe d'éternelle équité en faveur des émigrés, lors de la loi du milliard ; mais il n'y avait nulle analogie entre les émigrés des deux époques. Les protestans n'avaient pas armé l'étranger contre leur patrie ; ils n'avaient point porté les armes contre elle.

L'assemblée constituante, en rappelant les descendans des religionnaires fugitifs dans la patrie de leurs ancêtres, en ordonnant la restitution de leurs biens invendus, respecta le droit des tiers. Elle les rétablit dans la jouissance de leurs droits civils et politiques. L'article 22 dispose : « Toutes personnes qui, nées en pays étranger, descendent, en quelque degré que ce soit, d'un Français ou d'une Française expatriés pour cause de religion, sont déclarés naturels français, et jouiront des droits attachés à cette qualité, s'ils reviennent en France, y fixent leur domicile, et prêtent le serment civique. »

Cette loi ne confère pas à l'autorité judiciaire l'appréciation des titres des protestans rentrés, mais à l'autorité municipale. La même assemblée, en terminant sa longue et mémorable session, a statué sur le sort des condamnés politiques depuis 1789. La constitution, qui venait de fonder une royauté nouvelle, conférait aussi au roi le droit de grâce, de remise des peines corporelles et pécuniaires. Mais une ordonnance royale n'aurait pu rétablir les condamnés dans la jouissance de leurs droits civils et politiques. Au pouvoir législatif seul appartenait le droit de faire cesser cette interdiction.

L'article 1er dispose : « Toute procédure instruite sur des faits relatifs à la révolution, quel qu'en puisse être l'objet, et tous jugemens intervenus sur semblables procédures, sont irrévocablement *abolis*. » Art. 3. « Le roi sera prié de donner des ordres au ministre de la justice, pour se faire adresser par les juges de chaque tribunal l'état, visé par le commissaire du roi, des procédures et jugemens compris dans la présente *abolition*. Le ministre certifiera le Corps législatif de la remise desdits états. »

Dans ce cas encore, l'autorité judiciaire ne fut pas appelée à apprécier l'illégalité ou la légalité des condamnations, mais seulement à produire l'état des jugemens de condamnation prononcés en matière politique.

Cette loi du 15 septembre 1791, devait surtout profiter aux ennemis de la révolution, aux auteurs des crimes commis contre les patriotes à Toulouse, à Montauban, et dans toutes les localités où les contre-révolutionnaires avaient levé l'étendard de la révolte. Cette loi fut un acte de miséricorde et de clémence pour les condamnés politiques des deux années précédentes : celle que réclament les condamnés politiques de la restauration au gouvernement fondé par la révolution de juillet, est un acte de souveraine équité et de reconnaissance nationale.

Après l'événement du 9 thermidor, et dès que le nouveau système gouvernemental, fondé par la constitution de l'an 3, fut organisé, l'autorité législative s'occupa des condamnés politiques sous le régime précédent, époque féconde en réactions. Des représentans du peuple, des fonctionnaires publics, d'autres citoyens, sous la vague accusation de fédéralisme, avaient été mis hors la loi dans la fameuse journée du 31 mai 1793. La Convention nationale, rendue à son indépendance, révoqua son décret et rappela les proscrits. L'article 2 de la loi d'abolition du 22 germinal an 3 dispose :

Art. 1ᵉʳ. « Tous les décrets qui mettent des citoyens hors la loi par suite ou à l'occasion des événemens des 31 mai et 2 juin sont révoqués. » Art. 2. « Tous jugemens rendus en conformité et exécution desdits décrets, tous mandats d'arrêt, arrêtés, actes, procédures et poursuites, dirigés contre lesdits citoyens, sont et demeurent annulés. » Art. 3. « Tous les citoyens désignés aux articles précédens sont *réintégrés dans leurs droits politiques* et dans leurs biens. En conséquence, tous scellés et séquestres mis sur leurs biens seront levés sur leur réquisition, en vertu du présent décret, etc. »

M. Mérilhou a rappelé la loi du 4 brumaire an 4, rendue sur la proposition de Boissy-d'Anglas, et portant abolition de toutes les condamnations prononcées pour cause politique depuis le 22 prairial an 2 (11 mai 1794). De nombreuses lois ont été votées depuis, toutes pour des faits relatifs à la révolution ; et Bonaparte lui-même, dans tout le cours de sa dictature consulaire et impériale, n'a provoqué l'abolition des condamnations pour cause politique, que par la voie législative.

Comment, en présence de tant d'actes authentiques, irrécusables, des législateurs de 1833 ont-ils pu soutenir que l'abolition, ou réhabilitation pour condamnations politiques, ne pouvait s'opérer que par la voie judiciaire? Comment M. Dupin a-t-il pu dire, sans une étrange préoccupation, qu'à l'autorité judiciaire appartenait le droit d'apprécier les demandes en réhabilitation formées par les condamnés politiques de la restauration. Mais, en proposant un mode nouveau pour l'abolition des jugemens et arrêts en matière politique, en soutenant que le mode suivi depuis 1789 pouvait compromettre l'ordre public, qu'il était contraire à la morale, au principe conservateur de l'ordre social, il aurait dû justifier son système par des faits : il n'en a cité, il ne pouvait en citer aucun. Une foule de lois ont été rendues dans des cas absolument identiques; et leur exécution, ordonnée par une loi et exécutée par l'autorité administrative, n'a jamais occasionné le plus léger désordre. La loi a posé le principe général; l'application n'est et ne peut jamais être que spéciale et individuelle. Les pétitionnaires n'ont jamais eu la pensée d'*une réhabilitation en masse et sans distinction* : ils ont bien compris que la réhabilitation demandée ne pouvait s'appliquer qu'aux seuls jugemens pour cause politique, et qu'à l'égard des condamnations pour autre cause, qu'aurait pu subir un condamné pour cause politique, la réhabilitation ne s'applique qu'à ce seul cas, et que les autres condamnations conservaient tous les effets de la chose jugée. Les termes de la pétition étaient clairs et précis, et ne permettaient pas le plus léger doute sur la pensée et sur le vœu de ses auteurs. M. Dupin ne veut pas de réhabilitation ; il ne conçoit, pour réparer de grandes injustices, que la voie de révision. Mais ce moyen est impraticable, il est impossible. C'est par cette voie qu'il a tenté de faire annuler l'arrêt inique qui a tué le maréchal Ney, et il a succombé au premier choc. Mais si, au lieu de demander la révision du procès, il eût demandé la réhabilitation légale de l'illustre victime, l'arrêt inique eût été annulé et flétri.

Sous le rapport des droits et de la légalité, tous les condamnés politiques de la restauration sont dans le même cas que le maréchal Ney, leur cause est la même. Plus de trois cents autres victimes ont été, comme le maréchal Ney, condamnées à mort. Leurs familles aussi réclament l'annulation des arrêts injustes qui les ont frappées. Les mandataires de ces familles ont dû suivre, pour obtenir cette annulation, la marche suivie depuis 1789 pour toutes les condamnations politiques. C'est encore une loi d'abolition et de réhabilitation qu'ils réclament ; et s'ils eussent pu penser à prendre la voie de révision, ils auraient dû l'abandonner. Pouvaient-ils espérer quelques succès de l'emploi d'un moyen, qui n'a pu soutenir l'épreuve d'un premier examen ?

En suivant l'exemple que leur avait donné M. Dupin, pouvaient-ils espérer être plus heureux ? Toute la France a gémi de cet échec, mais elle en a compris la cause ; il n'y a qu'une voie légalement possible pour annuler les condamnations politiques, la réhabilitation ne peut être accordée que par une loi, dans l'état actuel de notre magistrature ; et M. Dupin le sait mieux que personne, la révision par voie judiciaire est impossible, il n'y a pas de juges compétens pour en connaître. Car les juges de 1833 sont encore ceux des cours prévôtales et des cours d'assises de la restauration. De nombreux changemens ont été faits, mais dans les parquets seulement. Les juges sont inamovibles, et ceux qui ont prononcé les arrêts et les jugemens, dont l'annulation est si justement, si vivement réclamée, siègent encore en majorité dans toutes les juridictions. Et qui oserait leur dire : « Vous avez envoyé des innocens à l'échafaud, dans les bagnes ; vous avez pendant des années entières retenu dans les cachots des milliers de pères de famille, vous en avez ruiné d'autres par d'énormes amendes ; prononcez sur vos œuvres et jugez-vous vous mêmes. » Ils se récuseront sans doute, et la loi restera sans exécution possible. Accepteront-ils cet étrange pouvoir ? Combien d'années s'écouleront avant que ces milliers de procédures soient terminées, et la France verrait se renouveler ces scandaleux débats qui l'ont affligée, irritée, indignée pendant seize ans. Alors seulement *l'ordre social* serait chaque jour troublé, la morale outragée ; et le plus redoutable des fléaux surgirait du sanctuaire de la justice. Et d'imprévoyans législateurs, repoussant les enseignemens de l'expérience et de la sagesse de leurs devanciers, auraient provoqué cette profanation. La révision judiciaire, substituée à la réhabilitation légale, ouvrirait une voie immense, interminable, à tous les scandales, à toutes les calamités. C'est dans l'intérêt de *la morale*, dans l'intérêt de *l'ordre social*, que le principe de réhabilitation doit être consacré par la loi que le ministre est chargé de proposer.

M. Barthe ne veut ni réhabilitation, ni révision.

Suivant lui, l'ordonnance du 26 août a tout prévu, rien n'a échappé à ses prévisions. Il a lu la principale disposition de cette ordonnance, et il n'y a pas un mot sur la réintégration des condamnés politiques dans leurs droits civils et politiques. La remise des frais et des amendes était bien certainement dans les attributions du pouvoir exécutif. L'ordonnance pouvait sur ce point être exécutée par les agens du fisc, sans compromettre en rien leur responsabilité, et les agens du fisc n'en poursuivent pas moins à outrance le paiement des amendes et des frais; et une contrainte relative à des frais et à une amende, prononcée par un jugement en 1815, a été décernée le 20 mars 1832 par un receveur de l'enrègistrement de l'Aude. M. Barthe affirme qu'aucun acte de poursuite n'est venu à sa connaissance; qu'il s'en prenne à ses commis, car tous ces actes illégaux ont été dénoncés au ministère.

Les orateurs qui l'avaient précédé à la tribune, dans cette mémorable séance du 16 février, avaient démontré l'insuffisance de l'ordonnance; M. Barthe n'en a pas moins affirmé que cette ordonnance, muette d'ailleurs sur le point le plus important, avait tout prévu dans l'intérêt des pétitionnaires. Je suis heureux de pouvoir opposer à l'étrange système de M. le ministre de la justice, l'opinion de M. Dupin dans la défense d'un illustre condamné politique. Le mode de procédure à suivre avait été réglé par une ordonnance royale; on lit dans la seconde requête présentée au nom du maréchal Ney:

« *La procédure est établie par les lois : donc elle ne peut être changée ni modifiée que par les lois. S'il en* était autrement, si une ordonnance pouvait abroger

une loi ou y déroger, la monarchie cesserait d'être constitutionnelle, le pouvoir légilatif résiderait tout entier
dans les mains du gouvernement, et il ne serait plus
possible de dire, avec l'article 15 de la charte, que *ce
pouvoir s'exerce collectivement par le roi, par la chambre des pairs et la chambre des députés des départemens.* » (Seconde requête présentée le jeudi 16 novembre 1815, avant midi, à la chambre des pairs.)

Mais ici il y a plus, l'ordonnance du 26 août 1830
ne peut être invoquée pour un cas important qu'elle n'a
point prévu. Elle ne dit pas un mot, quant à l'interdiction des droits civils, politiques et de famille, dont
ces condamnés politiques ont été privés par les condamnations prononcées contre eux ; la question est donc
entière, et cette interdiction subsiste légalement.

Une loi peut en faire cesser les effets. Cette interdiction pèse encore de tout son poids sur des députés, sur
des fonctionnaires de tout rang, et frappe de nullité
tous leurs actes. Dira-t-on que le droit d'élection
ou d'éligibilité, de capacité politique, ne leur a pas été
contesté? Et qu'importe ; il pouvait l'être, et qu'aurait-on pu répondre? En présence de l'acte qui pro-
nonçait cette interdiction se seraient-ils prévalu de l'ordonnance? A eux aussi, comme à tant d'autres, on
aurait dit : L'ordonnance n'a pu annuler un jugement
en dernier ressort ; frappés d'incapacité légale et
absolue, vous n'avez pu ni conférer ni exercer aucune
fonction élective ou autre. Cette incapacité a été
opposée avec succès à des condamnés politiques , l'interdiction des droits civils et de famille n'atteint, ne
froisse que les intérêts privés, mais l'interdiction politique compromet l'ordre public. Une loi de réhabilita-

tion n'est pas une loi ordinaire. C'est une question toute constitutionnelle. La première assemblée et la convention lui ont donné ce caractère, elles avaient le pouvoir constituant dans toute sa plénitude. L'autorité royale n'est point intervenue dans les deux lois de réhabilitation de la première assemblée nationale, elle a été seulement chargée d'en diriger l'exécution et d'en rendre compte.

Le renvoi sous la surveillance de la haute police était l'accessoire obligé de toutes les condamnations politiques. Aucun condamné politique n'a pu y échapper. Pour peu que la peine fût grave, le temps de surveillance était de dix, vingt années, et pour un très-grand nombre, elle ne finissait qu'avec la vie. L'ordonnance du 26 août 1830 n'a pu soustraire à cette humiliante pénalité, Hubert (Étienne), de Besançon, condamné pour cause politique. Il avait subi onze ans et dix mois d'emprisonnement. Il se trouvait encore en surveillance lors de la révolution de juillet. Il crut pouvoir revenir dans son pays, mais le temps de surveillance n'était pas expiré, et il a été arrêté et conduit à la maison de détention de Clairvaux à la fin de juillet 1832. Les faits abondent pour démontrer l'insuffisance de l'ordonnance, la pétition en cite plusieurs, et ces faits sont prouvés par des actes authentiques, irrécusables. (V. la pétition.) La loi de réhabilitation devait être l'objet des premiers travaux de la chambre de 1830, elle eût suivi de près l'ordonnance, si M. Dupont (de l'Eure) eût conservé plus long-temps le portefeuille de la justice. Son successeur la crut inutile, et ne s'en est pas occupé. Le vote presqu'unanime de la chambre en a constaté l'urgence et a imposé au chef de la magistrature le devoir d'en préparer les élémens. MM. Mauguin, Mérilhou et de Schonen ont demandé une commission. C'est le seul moyen d'arriver à un résultat utile ; ce travail, bien compris et consciencieusement exécuté, ne sera ni long ni difficile.

§ TROISIÈME.

De la nécessité d'une commission spéciale pour préparer les élémens de la loi à intervenir, et en diriger l'exécution dès qu'elle sera votée.

Les condamnés politiques de la restauration se trouvent dans une position tout exceptionnelle. La commission nommée par les condamnés eux-mêmes possède d'utiles matériaux et plus de deux mille dossiers. Si l'on s'en rapportait aux énonciations du dispositif des arrêts et des jugemens, on s'exposerait à de graves erreurs et à d'irréparables injustices. La plupart des arrêts et des jugemens ont mal qualifié les faits incriminés, et leur ont ôté ainsi leur véritable caractère, essentiellement politique. C'était peu pour les magistrats, moins hommes de la loi qu'hommes de parti, de donner à la loi du 9 novembre 1815 un effet rétroactif, en l'appliquant à des faits antérieurs de plus de six mois à sa promulgation ; ils ont dénaturé les faits mêmes. Je citerai quelques faits sur mille et plus.

Aux termes de la capitulation de La Palud, signée par le duc d'Angoulême, les volontaires royaux devaient retourner isolément dans leurs communes, et sans armes. Une bande nombreuse se présente armée aux portes de la commune d'Arpaillargues. Une collision sanglante avait été préparée, non par les patriotes, mais par les royalistes. Bertrand, cocher et homme de confiance de l'abbé Rafin, grand-vicaire d'Alais, régisseur de la terre de la baronne de Wurmeser, connu par *son invariable dévouement à la cause royale*, accourt, le 11 avril 1815, à Arpaillargues, il était monté sur le cheval blanc de son maître, il descend chez Boucarut, qui remplaçait le maire et l'adjoint absens, lui annonce que les miquelets (volontaires royaux) s'avancent vers Arpaillargues, qu'ils tuent toutes les petites filles, les ministres protestans, pillent les récoltes et dévastent les maisons. Bientôt le tocsin sonne; toute la population s'assemble et prend les armes. Les volontaires royaux apparaissent : ils étaient soixante. Boucarut, à la tête des habitans, exige qu'ils déposent leurs armes avant d'entrer dans la commune : ils refusent, et forcent la garde, qui leur oppose une vigoureuse résistance et les disperse. Deux volontaires royaux sont mortellement blessés. Les habitans d'Arpaillargues n'avaient fait qu'user du droit de légitime défense; et, quinze mois après, onze furent traduits devant le tribunal de sang; huit condamnés à la peine de mort et exécutés, un aux travaux forcés, le dixième retenu comme impliqué dans une autre accusation, le dernier acquitté. La procédure signalait comme principal auteur de cette déplorable collision, Bertrand; il ne fut pas même arrêté, et fut, par un arrêt de contumace, déclaré innocent. L'acte d'accusation qualifie l'événement du 11 avril d'assassinat et de pillage avec armes, et sur une grande route.

Les commissaires de Louis XVIII dans les départemens du midi avaient réorganisé partout les volontaires royaux : c'était une violation de la capitulation de La Palud. Le marquis de Montcalm, à la tête de ces bandes, portait la consternation dans le Gard et l'Hérault. Depuis plusieurs jours, les agens des commissaires royaux répandaient le bruit que Louis XVIII était à Chartres avec les deux chambres et une armée de quatre-vingt mille Français. Dès le 26 juin, la nouvelle du désastre de Waterloo, de l'établissement du gouvernement provisoire et de l'abdication· de Napoléon s'était répandue à Montpellier. Des groupes nombreux circulaient dans la ville, en vociférant *vive le roi !* Le 27, à la suite d'une proclamation, le général Gilly avait publié un arrêté portant que les lois relatives à l'état de siége seront exécutées sans restriction ni modification, que toute clameur et chant politique seront interdits ; que la force armée de la garde nationale et de la troupe de ligne dissipera les groupes et les rassemblemens. Cent à cent vingt gardes nationaux sont individuellement convoqués par un billet ainsi conçu : « Le sieur . . . . . est requis de se trouver aujourd'hui mardi, à une heure très-précise, à la salle du concert, pour un service extraordinaire, en uniforme, s'il en a. Montpellier, 27 juin 1815. Dupy, adjoint. » A quatre heures les groupes arborent le drapeau blanc, le café Militaire est dévasté, le major Ollivier, qui s'y trouvait, est assailli et grièvement blessé ; une patrouille de douze gardes nationaux est désarmée ; une autre patrouille, de militaires en retraite, sortie de la citadelle, éprouve le même sort, l'hôtel-de ville est assiégé. Pour prévenir une nouvelle et sanglante collision, le commandant du poste a fait enlever le drapeau tricolore. L'hôtel-de-ville est forcé, la garde désarmée ; des patrouilles de troupe de ligne et de garde nationale circulaient dans la ville au milieu d'une grêle de pierres et de coups de feu tirés par les fenêtres. Les gardes nationaux n'avaient ni pierres à fusil ni cartouches. La troupe de ligne, forcée pour sa défense de faire feu, avait fait deux décharges en l'air, mais sans effrayer les attroupés. A six heures du soir *l'ordre régnait à Montpellier.* Les bourboniens triomphent. Les cours prévôtales sont organisées ; et, le 22 juin 1816, J. J. Pau, boulanger; C. Avinens, négociant ; Richard, greffier du juge de paix ; Roussac père, avoué ; Demoulin, architecte ; David, employé à la mairie ; Lautaud, officier en retraite; Roussac fils ; J. J. Aldebert, officier en retraite ; Royer; Reboul, orfèvre; Sarran, tailleur; Pascal, militaire en retraite; Michel, propriétaire; Ferrier, courtier; Larmand, avoué; tous de Montpellier, comparaissent devant la cour prévôtale, « accusés d'être les » auteurs ou complices, pour avoir, avec connaissance, » aidé ou assisté l'auteur ou les auteurs dans les faits » qui ont préparé, facilité on consommé les actions » d'assassinat ou tentatives d'assasinat, préparés par » des attroupemens armés, commis le 27 juin 1815 » dans la ville de Montpellier, et à la suite d'un com- » plot, etc. » Tous les accusés, excepté Michel, Larmand et Ferrier, étaient présens. Aux termes de l'accusation, qui ne croirait que les accusés sont ceux qui ont pillé les propriétés, assailli à coups de pierres et de fusil les citoyens et les soldats commandés pour maintenir l'ordre public et protéger les personnes et les propriétés? Non. Ce sont eux qui accusent d'assassinats, et de pillage, et de complot, ces gardes nationaux, ces militaires qui n'ont fait qu'obéir à l'ordre légal des magistrats et de leurs officiers. C'est peu d'accuser les citoyens échappés à leurs coups, ils se présentent et sont entendus comme témoins ; et, sur leurs dépositions, Lautaud, Aldebert, Avinens, Combe et J. J. Pau sont condamnés à la peine capitale ; Pascal aux travaux forcés, Reboul à dix ans de réclusion, Demoulin, Boyer, Richard, Roussac père et Saran à dix ans de surveillance de la haute police et à cautionnement ; Roussac fils et David acquittés. Vainement les accusés offrent de prouver l'alibi ; quelques-uns n'avaient pas même fait partie de la force armée commandée le 27 juin. Vainement M. Aldebert, négociant, atteste qu'Avinens ne l'a point quitté de toute la journée, qu'ils étaient l'un et l'autre au poste de l'esplanade, et n'ont pu prendre part à la collision qui s'est engagée sur un autre point. L'avocat-général l'interrompt : « Que veut, s'écrie-t-il, ce témoin mendié ? sa place est sur le banc des accusés. » Les condamnés ont subi leur arrêt.

C'était aussi par ordre de la municipalité que vingt-neuf gardes nationaux de l'arrondissement de Ceret, avaient pris les armes pour protéger les personnes et les propriétés menacées par les chouans du midi. Tous ont été traduits devant la cour prévôtale, et l'accusation les qualifie aussi de pillards et d'assassins.

Je pourrais citer un grand nombre de faits semblables, un volume ne suffirait pas. Mais j'en ai dit assez pour démontrer la nécessité de consulter, pour l'appréciation des faits, non seulement le dispositif de l'accusation et de l'arrêt de condamnation, mais les actes de l'instruction du procès. La commission qui représente les condamnés politiques ne s'est déterminée en pareil cas, qu'après avoir reçu des actes de notoriété constatant la vérité des faits. Ces actes, signés des plus notables de chaque localité, sont *légalisés et approuvés* par les autorités.

La fausse qualification des faits dans les jugemens et les arrêts a donné lieu à une fâcheuse erreur, et c'est avec moins d'étonnement que de douleur, que j'ai entendu dire à la tribune, que parmi les condamnés politiques *figurait un grand nombre de repris de justice pour des crimes ou des délits étrangers à la politique.* Je n'accuserai pas de déloyauté le ministre et le député qui ont fait entendre ces étranges paroles; ils étaient mal informés. Ils ont cru a des renseignemens démentis par les registres matricules de la commission, par elle déposés dans les bureaux de la chambre plus de quinze jours avant les débats.

S'agirait-il de condamnés politiques qui auraient subi des condamnations pour autre cause? Serait-il vrai que onze ou douze au plus seraient dans ce cas? Mais onze ou douze ne sont pas le plus grand nombre de 2600. La commission, nommée par les condamnés eux-mêmes, ne redoute pas le contrôle de son travail, elle le demande; la communication spontanée de ses registres, l'offre qu'elle a faite de la communication de tous les dossiers, ne permet pas le plus léger doute. Elle a la conscience d'avoir rempli dignement l'honorable et pénible mandat qu'elle a accepté. Dans une matière aussi grave, un contrôle serait de droit et de nécessité.

Encore un mot sur l'ordonnance du 26 août 1830, elle ne s'applique qu'aux condamnations postérieures au 5 juillet 1815, et cependant de nombreuses condamnations politiques avaient été prononcées en 1814, et dans les trois premiers mois de 1815.

§ QUATRIÈME.

De l'appréciation des réparations et indemnités réclamées.

S'il importe de ne pas s'en rapporter aux textes des arrêts et des jugemens pour l'appréciation légale des faits, il importe également, pour être juste dans l'appréciation des indemnités, de ne pas s'arrêter à la simple énonciation des peines corporelles ou pécuniaires prononcées ou des acquittemens. Il faut, dans l'un et l'autre cas, s'attacher aux conséquences de ces condamnations et des simples préventions.

On a parlé de catégories, et d'écarter en masse, 1° tous ceux qui n'auraient été que prévenus; 2° les condamnés pour cris séditieux; 3° ceux qui ont été victimes de la restauration avant la loi du 9 novembre 1815. Ce serait plus qu'une erreur, ce serait une exorbitante et irréparable injustice. Beaucoup de patriotes ont subi deux ou trois ans et plus d'emprisonnement, et n'ont été mis en liberté, par jugement ou sans jugement, qu'après avoir gémi pendant ce long espace de temps dans les prisons. Tel fut le sort d'un sexagénaire qui a parcouru plus de prisons qu'il ne comptait d'années; il figure sur les registres matricules de la commission, et ses nombreux voyages de prison en prison sont constatés par des actes authentiques, il a été enfin jugé et absous. Combien de pères de famille, dans les départemens de la Sarthe, de l'Hérault, de l'Isère, du Doubs, du Rhône, du Tarn, des Pyrénées-Orientales, du Gard, etc. etc., ont été forcés, pour échapper aux poignards des verdets et à la mort, de s'expatrier? Aurait-on oublié ces malheureux signalés par les préfets aux généraux ennemis pour être fusillés et déportés? Le préfet de la Sarthe, par un seul arrêté, livra aux alliés l'ex-conventionnel Levasseur, Chazerain, ancien militaire. Quarante-six autres étaient sur la fatale liste, quelques-uns ont été transférés dans le nord. Chazerain est mort. Ceux qui ont pu échapper aux cosaques, aux pandours, devenus les auxiliaires des gendarmes, ont vu leurs propriétés frappées de séquestres, leurs établissemens industriels fermés; ils ont langui dans l'exil et la misère jusqu'à la révolution de juillet. Felz, ancien militaire, a été forcé par le préfet de la Sarthe, M. Jules Pasquier, de fermer le café qu'il tenait au Mans; son fils a été blessé dans les journées de juillet. Felz est mort de misère il y a un an. Refusera-t-on une larme et du pain à sa veuve, parce que son mari n'a pas subi de condamnation judiciaire. Devel, ancien militaire, est livré aux Autrichiens, jugé par un conseil de guerre autrichien, et condamné; le général étranger qui commandait à Dijon lui fit grâce le 25 août 1814. Le jour même il devait être fusillé. Maurice Deschamps, vétéran de l'ancienne armée, avait arboré le premier l'étendard tricolore à Besançon, en mars 1815. Rentré dans ses foyers après le licenciement de l'armée de la Loire, il apprend que des ordres sont donnés de l'arrêter, il échappe à toutes les recherches, ses concitoyens lui ouvrent partout un asile, sa tête est mise à prix, 1200 fr. sont promis à qui l'arrêtera. Il ne se trouva pas un traître dans le département du Doubs. Mais après avoir erré plus d'une année, il fut découvert et mis en liberté, sans intervention de l'autorité judiciaire. Pourrait-on sans injustice déclarer qu'il n'a droit à aucune indemnité. Les nombreux *ôtages*, jetés dans les prisons par ordre des préfets, ont subi de longues détentions, ils n'ont pas été jugés. Ils n'étaient que prévenus. Quelques-uns ont péri dans les cachots, un grand nombre ont été ruinés ; et de telles infortunes resteraient sans consolations, sans dédommagement !

La loi du 9 novembre, celle d'octobre qui l'avait précédée, conféraient aux préfets une dictature sans responsabilité, et ils en ont largement usé. Ils pouvaient, de leur propre autorité, condamner à la déportation, au bannissement, ou à un emprisonnement illimité. Il leur suffisait d'ajouter au nom des proscrits l'épithète *d'ôtage* ou de *suspect*.

Les prévenus et condamnés pour cris séditieux méritent aussi un sérieux examen, et ne doivent pas être écartés en masse : c'était encore un moyen d'opposition au gouvernement déchu. La loi de novembre laissait à cet égard une voie large à l'arbitraire des juges. Beaucoup de prévenus n'ont été mis en liberté, avec ou sans jugement, qu'après avoir subi un long emprisonnement. Je ne citerai que deux faits, pris au hasard. On ne reprochait à Hurel, ancien cuirassier, que des cris séditieux, et il a été condamné à une détention de dix ans, qu'il a subie à Pierre-Chatel et au Mont-Saint-Michel. Beuchot, jeune cocher de fiacre, n'avait pas même proféré de cris séditieux ; d'une main il tenait les rênes, et de l'autre son fouet : le roi passe avec son escorte ; on lui crie *chapeau bas !* c'était exiger l'impossible ; il n'en a pas moins été condamné à la déportation par la cour prévôtale de Paris. Une élimination en masse des prévenus et des condamnés pour cris séditieux serait donc une flagrante injustice.

Il en est de même des condamnations prononcées en 1814 et 1815. Elles ont été nombreuses et terribles. Labédoyère, Lavalette, Ney, les frères Faucher, etc. ne sont-ils pas des condamnés politiques ? Les veuves, les enfans des protestans, des patriotes assassinés dans le Gard, l'Hérault et Vaucluse, n'ont-ils pas d'incontestables droits à la générosité nationale ?

J'en ai dit assez pour prouver que les catégories proposées à la Chambre des députés, lors de la discussion de la pétition, sont inadmissibles. Les condamnations administratives ont été aussi cruelles, aussi injustes, et presque aussi nombreuses que les condamnations judiciaires, et constituent les mêmes droits aux victimes qui les ont subies.

Les fonctions de la commission spéciale ne devront pas se borner à préparer les élémens du projet de loi de réparation ; elles doivent s'étendre à l'examen des réclamations, et prendre pour base de ses appréciations la position sociale de chaque réclamant, la gravité des peines qu'il a subies, l'importance des pertes qu'il a souffertes. Les victimes appartiennent à toutes les classes de la société. On n'a pas oublié que les fédérations de 1815 se composaient des plus notables citoyens, surtout dans les départemens de l'ouest et du midi. Je n'écris qu'en présence des faits et des actes. Ces listes d'honneur et de patriotisme sont devenues, pour les commissaires de Louis XVIII, des listes de proscription et de mort. Le 24 juillet 1815, le marquis de Montcalm, commissaire du roi dans le département de l'Hérault, avait pris l'initiative de ce genre de proscription. Dans les considérans de son arrêté du 24 juillet 1815, il énonce que c'est en qualité de membres de la fédération de l'Hérault, et en vertu des pouvoirs et des ordres qu'il a reçus du duc d'Angoulême, qu'il ordonne l'arrestation et la détention au fort de Brescou des fédérés *Daubian*, avocat, *Saint-Pierre*, médecin, *Subleyras*, avoué, F. *Avignon*, imprimeur, *Quatrefages*, négociant, *Demoulin*, architecte, *Vezian*, propriétaire, *Cambon*, ex-conventionnel, *Allut* père, propriétaire, *Berthe*, professeur de la faculté de médecine, *Boudon la Roquette*, *Clément*, conseiller de préfecture, *Dupy*, adjoint à la mairie de Montpellier, *Allut* fils, sous-préfet, Barthélemi *Euzicre*, négociant, *Fabre-Thibal*, négociant, *Marcel*, directeur de l'enregistrement, *Parlier* aîné, *Delon*, directeur de l'octroi de Montpellier, *Pouzin*, professeur-pharmacien, A. *Rigaud*, négociant, *Verdier*, conseiller de préfecture, *Tesses* fils, directeur des contributions indirectes, *Virenque*, professeur de la faculté de médecine, *Thorel*, secrétaire à la mairie de Montpellier, *Chastain*, officier retraité, *Avinens*, ferblantier, *Chabaud*, concierge du jardin des plantes, *Lautaud*, marchand de vins, *Martin*, dit Grosse-Caisse, *Larman*, avoué au tribunal civil, *Parent*, juge de paix, *Richard*, son greffier, *Roussac*, avoué au trib. civil, *Ferrier*, marchand de meubles; tous habitans de Montpellier : *Léotard*, procureur impérial, *Causse* cadet, capitaine de la garde nationale, *Grimal*; domiciliés à Lodève : *Laussel*, à Gignac; *Escudier*, à Ceyras, *Bastide*, substitut à Lodève; *Colard*, sous-préfet à Béziers; *Tudier*, maire, G. *Coste*, juge, *Coste-Blanc*, *Coste* aîné, *Vergne*, greffier, secrétaire de la fédération, *Milhau,* président du tribunal civil, *Monestier,* juge de paix; domiciliés à Béziers : *Bosc,* percepteur à Aumes; *Loup* fils, à Gran; *Francès,* dit Lhoste, de Loupian; *Bruyères,* négociant à Saint-Georges.

Les propriétés de Milhau et Cambon, membres de la chambre des représentans, sont séquestrées.

Les fédérations bretonne et lyonnaise, celles de Bordeaux, de l'Alsace, de tous les départemens de la France, se composaient, comme dans l'Hérault, des citoyens les plus recommandables par leur position sociale, leurs fonctions, leur patriotisme. Il est évidemment faux que ces fédérations, qui auraient pu sauver la France, et qui l'auraient sauvée, si Fouché et ses complices n'eussent paralysé leurs généreux efforts et leur dévouement, aient été composées d'hommes sans propriété, sans instruction, avides de désordres et de pillage. Les fédérés de 1815 étaient l'élite et la majorité de la nation. Ce sont les mêmes citoyens que la restauration a proscrits, emprisonnés, ruinés et assassinés. Ce sont les mêmes hommes qui ont salué par des cris d'espérance et de joie la victoire des trois jours, et qui n'ont pas attendu au lendemain pour manifester leurs patriotiques sympathies. De nombreuses victimes avaient péri dans cette longue lutte de seize ans ; mais elles ont partout trouvé des imitateurs et des vengeurs : partout les condamnés politiques, échappés aux échafauds, aux poignards des chouans et des verdets, ont pris l'initiative de cette grande et immortelle révolution. Une génération nouvelle s'unit à leurs vœux, à leurs efforts, et assure à la France régénérée un long avenir de liberté et de bonheur. Si l'indépendance nationale était menacée, toute la jeune France se le-

verait comme un seul homme, et sa première victoire
serait décisive ; elle aurait un éclatant et profond reten-
tissement dans toutes les populations européennes,
comme la grande victoire des trois jours.

§ CINQUIÈME.

*Des conspirations et des conspirateurs sous la
restauration.*

Les commissaires des condamnés politiques ont bien
compris toute l'étendue et toute l'importance de leur
mandat ; ils n'ont reculé devant aucun obstacle ; ils
n'ont éludé aucune objection. Ils ont voulu connaître,
et ils ont connu les motifs qui avaient déterminé le rejet
de la proposition de M. Deludre dans la session précé-
dente. Ils savaient qu'une des principales causes de ce
rejet était la réclamation en faveur des conspirateurs
qui avaient survécu à leurs généreux compagnons,
morts sur les échafauds. « Voter des récompenses à
des conspirateurs, avait-on dit, c'est encourager l'esprit de sédition. » Les commissaires ont franchement
abordé la question. Ils l'ont examinée avec impartia-
lité, et leur réponse est développée dans leur seconde
pétition. Je ne reproduirai pas ici leurs argumens, auxquels MM. Bignon, de Schonen, Mauguin, Mérilhou,
ont prêté l'appui de leur sympathie et de leurs talens.
(Voir la pétition.) Tous les députés avaient reçu un
exemplaire de cette pétition ; mais quelques-uns ne
l'avaient lue que pour la combattre. Il serait à desirer
que les pétitions qui se rattachent à de graves intérêts

et à des questions d'une haute importance fussent lues à la tribune. Un usage contraire a prévalu. Cependant nos premières assemblées législatives, dont les travaux étaient plus multipliés et plus urgens, ne s'en remettaient pas aux soins d'une commission et à l'opinion d'un rapporteur; elles pensaient que ce qui intéressait les citoyens devait être connu de tous leurs mandataires. Si la pétition des condamnés politiques eût obtenu les honneurs d'une lecture publique, la question des conspirateurs, mieux comprise, n'aurait pas donné lieu à une discussion aussi prolongée. L'argument des salons n'eût peut-être pas été reproduit à la tribune; on n'eût pas osé soutenir sérieusement, et surtout avec espoir de succès, que la résistance à un gouvernement, quel qu'il soit, est toujours un crime. Singulière doctrine au temps où nous vivons; doctrine fort commode et parfaitement dans les convenances des gouvernemens absolus, et nous vivons sous un gouvernement représentatif. M. Dupin a resserré l'objection dans un cercle moins étendu; il n'incrimine les conspirations que dans les cas où elles sont dirigées contre un gouvernement établi, qui a des lois, des magistrats, un ordre régulier. Quel gouvernement établi, et par cela seul qu'il est établi, n'a pas ses lois, ses magistrats, son ordre régulier? Mais si ce gouvernement est infidèle à ses engagemens, aux intérêts, aux droits de la nation; si la loi, qui doit être l'expression de la volonté générale, n'est que l'expression d'un seul; si les magistrats ne sont que les instrumens passifs, que les serviles exécuteurs de ces lois; si l'ordre régulier n'est que l'ordre qui règne à Varsovie; si la nation, opprimée, outragée par les hommes du pouvoir,

accablée sous le poids des monopoles et d'impôts arbi-
traires, n'a point d'organes avoués pour soutenir ses
droits et réclamer de justes et d'indispensables réfor-
mes ; si son existence politique est menacée ; si des citoyens généreux se dévouent pour la délivrer du joug
qui l'accable, leur résistance au gouvernement établi
pourra-t-elle être qualifiée crime ? Non. Telle n'a pas
été la pensée de M. Dupin. Il aurait raisonné dans une
hypothèse qui ne peut avoir en France aucune réalité.

Dans un gouvernement constitutionnel, national,
dont les fonctionnaires de tout rang, fidèles à leurs
devoirs, à leurs sermens, n'ont et ne veulent avoir
d'autre puissance que celle des lois constitutionnelles
librement votées, toute résistance est illégale, et par
conséquent coupable. C'est la nation elle-même qui est
attaquée ; on ne renverse pas, on ne détruit pas une
nation. Ce n'est point contre, mais pour la nation, que
les conspirateurs des quinze dernières années du règne
des Bourbons de la branche aînée, se sont insurgés.
Ils eussent réussi à Béfort, à Saumur, s'ils avaient pu
tenir trois jours, et la nation eût dès lors accepté avec
la même unanimité, la même reconnaissance, la solidarité de leurs actes, comme après les trois journées
parisiennes. Au nom de la patrie reconnaissante, les
braves qui ont succombé dans le combat ont été inscrits
sur le bronze du Panthéon ; la France a adopté leurs
enfans et secouru leurs veuves ; elle a doté les blessés
qui ont survécu aux dangers du champ de bataille. Ils
avaient combattu trois jours ; les condamnés politiques
se sont associés à leurs périls, à leurs efforts. Après
une lutte de seize années, l'avant-garde et la réserve
se sont trouvées réunies sur le dernier champ de ba-

taille. Permis aux partisans du gouvernement déchu de considérer comme coupables les hommes audacieux qui ont conspiré contre lui ! La manifestation des mêmes antipathies à la tribune des représentans de la France de 1833, serait plus qu'une erreur. La raison publique et le vote de la chambre en ont fait justice.

Il me reste à signaler l'inexactitude des renseignemens fournis à M. le ministre de l'intérieur , sur le chiffre des condamnés politiques , dont les titres ont été vérifiés par la commission , qui , je puis l'assurer, a été absolument étrangère à la rédaction de ces renseignemens, dont elle n'a appris l'existence que par les débats de la Chambre des Députés, le 16 février dernier. D'après ces renseignemens, le nombre des personnes qui se seraient présentées comme condamnés politiques serait de 2,638 ; le nombre aurait été réduit à 1,700, puis à 850 ; d'où l'on déduit encore beaucoup de militaires rétablis dans leurs grades, d'autres admis à la pension de retraite, d'autres enfin auraient obtenu des emplois ; 355 auraient reçu des secours mensuels. Pour parvenir à ce chiffre, les auteurs des renseignemens donnés auraient écarté les condamnés de 1814 et 1815 ; ils auraient pris pour point de départ la date de l'établissement des cours prévôtales. Cette omission serait encore une injustice. Les autres réductions ne sont pas mieux fondées ; il y a encore erreur de fait et de droit. La commission, dans le compte rendu à ses commettans, publié à la fin d'octobre 1832, et rédigé après un examen consciencieux et approfondi de ses registres matricules, des dossiers et de sa correspondance, a établi ainsi le résultat statistique de ses travaux, jusqu'au 20 octobre 1832.

Condamnés à mort et exécutés. . .	118	
Contumaces.	114	289
Commués.	57	
Aux travaux forcés à perpétuité. . .	17	
Id. à temps. . . .	19	36
A la déportation.	72	
A la réclusion	18	
Au bannissement à perpétuité.. . .	72	197
Id. à temps.	35	
A l'emprisonnement de quinze jours à trois mois.	129	
De trois mois à six et plus.	434	
De un à deux ans..	167	983
De deux à cinq ans..	253	
A la surveillance seule, par arrêt ou jugement, 45, ci.		45
A des amendes ou à des confiscations seules, par arrêts ou jugemens, 49, ci.		49
Par mesure administrative, 123, ci.		123

Prévenus et acquittés après détention, et considérés par la Commission comme condamnés :

De un jour à un mois..	69	
De un mois à trois mois.	78	
De trois mois à six et plus..	237	462
De un an et plus.	78	

A Reporter.   2184

Report. 2,184

Persécutés et pillés sans détention ni jugement... 115

Total. 2,299

Le nombre des condamnés flétris est de 18.

CONDAMNÉS.

Pour conspirations. 986
Pour délits politiques de la presse. 181
Pour cris et actes dits séditieux. 894
Persécutés et pillés par suite de leurs opinions. 238

Total. 2,299

Ajournés par la Commission pour insuffisance de pièces. 75

Rapports récemment faits sur pièces produites et non encore classées. 92

Total général. 2,466

Cet état statistique a été certifié et signé par tous les membres de la commission présens à Paris, MM. Duvergier, Ledain, Vial, Corréard, Dufey, Zenowitz, Brissaud, B. Laroche, Bonnin, Esneaux, Dariosec. Il importe de faire remarquer que, depuis le 20 octobre 1832, époque où ce travail a été arrêté, de nombreux dossiers ont été adressés à la commission, et le nombre général des demandes, porté par M. le ministre de l'intérieur à 2,638, n'est point exagéré. De nouvelles demandes arrivent chaque jour; et la résolution de la Chambre des Députés, du 16 février dernier, publiée par tous les journaux, va donner lieu

à de nombreuses réclamations. Si la commission cons-
tituée à Paris par les condamnés politiques a pu signaler à la bienveillance, à la justice du gouvernement plus de deux mille victimes de la restauration,
elle le doit au concours généreux des journaux patriotes, qui se sont empressés de donner aux *avis* de cette
commission la plus grande publicité.

§ SIXIÈME.

Conclusion.

L'ordonnance du 26 août 1830 prescrivait la cessa-
tion des poursuites contre les condamnés politiques de
la restauration, la remise des peines corporelles, celle
des amendes et frais non acquittés; elle déclarait acquises au trésor les sommes qui avaient été payées.
L'autorité royale agissait dans les limites de sa préro-
gative, et elle n'a pas même, sur ce point, reçu une
entière exécution. Des contraintes ont été, deux ans
après, décernées par les préposés du fisc en paiement
d'amendes et de frais, en vertu de jugemens et arrêts
prononcés pour cause politique sous la restauration.
Elle se tait sur la réhabilitation des condamnés, et l'on
a osé prétendre qu'elle suffisait aux condamnés pour
être réintégrés dans la jouissance de leurs droits civils
et politiques; tandis qu'il est prouvé par des actes authentiques que cette interdiction avait conservé toute
sa force. Les faits incriminés ont été dénaturés dans le
dispositif des jugemens et des arrêts. Il est donc de
nécessité et de justice qu'une commission d'enquête

rectifie ces erreurs, que les réparations demandées soient basées sur la gravité des peines réellement subies, des pertes réellement éprouvées. Les prévenus ne peuvent être éliminés par la loi de réparation, sans blesser tous les principes de raison et de justice. La réhabilitation par voie judiciaire est impossible et impraticable ; elle doit et ne peut être utilement opérée que par une loi. Les pétitionnaires ont reconnu que cette loi ne doit point avoir d'effet rétroactif. La loi ne dispose que pour l'avenir : les droits acquis aux tiers seront respectés. Mais le bienfait de cette loi ne pourra réparer toutes les infortunes ; il en est que toute la prévoyance des législateurs ne pourra faire cesser. Elle ne pourra rendre un fils à ses parens, un époux à la veuve, aux orphelins leur père. Ce n'est pas avec de l'or que l'on pourra faire oublier à l'infortuné Martin, du Lude (Sarthe), la mort de son fils, âgé de 19 ans, exécuté avec deux autres jeunes gens du même village. Ce malheureux père fut traîné de son cachot au lieu du supplice, pour être témoin de la mort de son fils. Toute la famille avait été jetée dans les cachots ; le père, la mère, un fils, une fille, ont survécu ; ils étaient heureux avant ce déplorable procès ; mais tous leurs biens ont été confisqués. Le fisc en a provoqué la vente : aucun adjudicataire ne s'était présenté ; plusieurs années s'étaient écoulées : enfin un ancien chouan a mis un prix à la dépouille des proscrits ; elle lui a été adjugée, et il a pu la solder avec l'or prodigué par les Bourbons aux débris des bandes vendéennes et de la chouannerie. Toute cette procédure fut signalée par le plus éclatant appareil de puissance et de terreur. La cour prévôtale s'était transportée au village du Lude ;

il semblait que le salut de la monarchie dépendait de la punition des accusés. On avait métamorphosé en conspiration contre le trône et la personne même du roi l'enlèvement d'un fusil qui avait été volontairement et immédiatement rendu. De jeunes villageois, indignés des vexations des chouans, de leurs menaces, de leur lâche sympathie pour les soldats étrangers, avaient formé, pour la commune défense, une association qu'ils appelèrent *les Vautours de Bonaparte*. Leur but était de désarmer les chouans. Ils ne cachaient pas leurs projets ; ils en parlaient hautement, au moulin de la famille Martin, dans les cabarets, sur les marchés. Les deux fils Martin étaient membres de cette association. Un soir, l'un d'eux, accompagné de deux autres *Vautours*, s'était présenté chez un ancien chouan, l'avait sommé de remettre son fusil, qui lui fut livré sans la moindre difficulté. Un autre chouan avait refusé le sien, et les *Vautours* s'étaient retirés. Martin père, informé de cette équipée, fit remettre, dès le lendemain à la pointe du jour, par son fils, le fusil que celui-ci s'était fait remettre. Tel avait été le premier et le dernier exploit de *ces terribles Vautours*. Trois des accusés ont péri sur le même échafaud ; les autres ont été frappés de peines plus ou moins graves, et mis en surveillance. La procédure avait coûté des frais énormes, et ce n'était pas trop de toute la fortune de la famille Martin pour les payer.

Alors les préfets, les magistrats, les chefs militaires, rivalisaient de fureur contrerévolutionnaire : ils voyaient dans les plus légères démonstrations d'opposition un attentat contre la légitimité. Les excès de la terreur royale ont effacé ceux d'une autre époque. La loi du

9 novembre, loi de vengeance et de sang, était appliquée à des faits antérieurs. Tous les fédérés de 1815 étaient voués à la mort. Ainsi périrent, dans un seul jour et sur le même échafaud, cinq fédérés de Vaucluse. Les cours prévôtales, les bourreaux, avaient pour auxiliaires ces bandes de verdets, ces volontaires d'Angoulême, organisés et largement payés par le gouvernement. Ces bandes, assurées de l'impunité, portaient partout le deuil et l'effroi. Un seul trait sur mille suffira pour les peindre. Une jeune fille fut violée sur le corps de sa mère expirante, et, tout dégouttant du sang de sa première victime, le chef de ces bandits royaux infectait la jeune vierge du poison de ses débauches. La preuve vivante de cet épouvantable attentat existe à l'hospice d'Avignon. L'enfant du crime n'est qu'un cadavre animé. Ce fait m'a été attesté par un membre de la commission des condamnés politiques de Vaucluse.

Il était réservé aux ligueurs de 1815 de surpasser en atrocité, en impudence, ceux du 17e siècle, et d'inventer des supplices dont le féroce abbé Du Chayla n'aurait pu concevoir l'idée. Ils imaginèrent le *battoir fleurdelisé*. Cet instrument, semblable à celui dont se servent les blanchisseuses, était armé de clous saillans dont les pointes aiguës figuraient trois *fleurs de lis*. Le stygmate royal fut infligé à de faibles femmes, à de jeunes filles, à de jeunes mères de famille ; l'une d'elles resta sur la place baignée dans son sang. Ce dernier trait a été avoué dans un mémoire publié par le préfet d'Arbaud-Jouque : il croit l'avoir justifié en ajoutant que la victime a été soigneusement traitée par les sœurs de l'hôpital de Nîmes. Ces horribles scènes se sont renouvelées, et toujours avec la même impunité, dans les départemens du midi. L'armée et les fédérés des cent jours auraient pu écraser le duc d'Angoulême et les bandes qu'il commandait : la capitulation de La Palud permit aux volontaires et à leurs chefs de se retirer isolés et sans armes ; mais, soit trahison, soit imprévoyance, on leur laissa leurs armes. Le duc d'Angoulême était dirigé sur le port de Cette. Les fédérés, qu'il a fait depuis proscrire, assassiner, avaient protégé sa retraite au milieu des populations indignées. Ses agens avaient reçu ses ordres secrets, et Moncalm, Calvière, d'Arbaud-Jouque, le curé Boutaric, tous commissaires royaux, continuèrent la guerre civile, et dressaient les listes de proscription au nom de S. A. R. M^r. le duc d'Angoulême. On sait comment les chefs des bandes de l'ouest ont respecté la foi des traités. Ces populations fanatiques ne sont qu'égarées. La superstition, l'ignorance les livrent à la merci des chefs de la ligue. L'instruction seule peut les rendre à eux-mêmes, à la raison, à la patrie. Des écoles, partout des écoles ; mais pourquoi des pensions? Ces millions prodigués aux chouans, aux vendéens, dans chaque budget, depuis plus de dix-huit années, les emplois, les grades, toutes les faveurs du pouvoir, n'ont été à leur égard que des primes d'encouragement aux crimes, à la révolte : c'est une vérité démontrée. Mais qu'il me soit permis d'opposer à la conduite de *ces pieux et nobles défenseurs* du gouvernement déchu, celle des patriotes dont le dévouement désintéressé ne s'est jamais démenti. Tous les services ne sont pas restés sans récompense ; quelques emplois ont été donnés, de modiques secours accordés ; d'anciens officiers ont repris leur rang dans l'armée; aucun d'eux ne s'est montré infidèle à ses devoirs, à ses sermens. Des émeutes ont affligé la capitale et les départemens; partout les condamnés politiques y sont restés étrangers : un seul a été impliqué dans un des mille procès auxquels ces troubles ont donné lieu. Depuis deux ans et plus, ils souffrent et se taisent. A d'autres le reproche d'irritation séditieuse. Habitués à tous les genres de sacrifices, pour l'indépendance, le bonheur de leur patrie, les pétitionnaires ne demandent point récompense, mais justice. Singulière contradiction! on affecte de craindre de consoler de généreuses et patriotiques infortunes, et des millions sont livrés chaque année aux ennemis de la paix du pays et de la liberté. Ce sont là de véritables primes à la révolte. Les vendéens, les chouans ont pu se dire : « Il y a moins de danger et plus de profit à effrayer le pays qu'à le défendre; retournons sous les drapeaux des lis et de la croix. » Ils ont pu le dire, ils peuvent le dire encore.

Aux bandes fanatiques, aux grandes compagnies de toutes les époques, les honteux calculs d'une servile cupidité. Jamais ils n'ont souillé la pensée des hommes libres. Citoyens courageux et dévoués à la cause nationale qu'ils ont embrassée par conviction, ils ont exposé, pour l'intérêt de tous, leur fortune, leur vie, leur liberté; ils demandent à être rétablis dans leurs droits de cité et de famille. Ils ont le droit et le devoir de demander que les lois injustes et barbares, qui ont prononcé cette interdiction, soient abrogées.

Les condamnés politiques, blessés dans leurs plus chères affections, ont fait entendre leurs justes plaintes. Les suffrages de l'opinion publique ne leur ont pas

manqué; mais une loi seule peut réaliser les vœux dont
elle les honore, et leur rendre les droits et le titre de
citoyens. On a été généreux et prodigue pour les ré-
voltés vendéens; les victimes du gouvernement déchu
demandent qu'on ne soit pas injuste à leur égard. Une
loi de justice et de réparation leur est enfin promise.

---

*Pétition des membres de la commission des con-
damnés pour causes politiques, adressée aux
deux chambres.*

Messieurs,

S'il était permis de vous présenter des pétitions col-
lectives, les soussignés, composant la commission des
condamnés politiques, seraient autorisés, ou plutôt
obligés par leur mandat à vous parler au nom de plusieurs milliers de citoyens condamnés pour causes politiques sous la restauration. La loi et l'usage nous défendent cette démarche; nous allons donc vous parler
en notre propre et privé nom. Mais la loi ni l'usage
ne vous défendront pas d'observer, en nous lisant, que
nos nombreux compagnons d'infortune ont les mêmes
titres que nous, et qu'ainsi l'équité demande une me-

sure générale, dont votre patriotisme prendra sans doute l'initiative.

Cela posé, nous vous prions, Messieurs, de provoquer une loi qui accorde aux soussignés, tous condamnés politiques sous la restauration, 1.º l'abolition pleine et entière des arrêts qui les ont frappés; 2º et des indemnités pécuniaires proportionnées aux pertes que chacun d'eux a éprouvées par suite de ces condamnations.

Veuillez, Messieurs, nous écouter un instant : nous allons justifier en ses deux points cette double demande, et répondre aux objections habituelles de nos adversaires. Mal accueillis une première fois dans vos bureaux, nous devons donner à nos motifs plus de développement et de gravité; cependant nous nous bornerons encore à l'indication de quelques principaux faits.

De deux choses l'une : ou la révolution de juillet n'est pas légitime et nationale, alors Charles X, sa famille et ses ministres sont patriotes, et il faut que nos adversaires proposent franchement leur rappel; ou bien, la révolution de juillet est légitime et nationale, et alors les condamnés politiques ont bien merité de la patrie; car ils ont exposé leur fortune, leur liberté et leurs têtes, pour faire précisément ce qu'a fait la révolution de juillet. A la vérité elle a réussi, nous avons échoué; mais la moralité d'une entreprise ne saurait dépendre du succès; mais ce n'est pas en France, et surtout aux Députés de la grande nation, que le dévouement malheureux doit inspirer moins d'intérêt. Napoléon, tout jaloux qu'il se montra de ménager l'utile prestige de son invincibilité, n'a-t-il jamais voulu récompenser que des guerriers vainqueurs, lui qui dans ses prisonniers même honorait le courage malheureux?

La France, nous dit-on, ayant vu par les ordonnances du 25 que les Bourbons se moquaient de leur charte, n'eut qu'à se lever pour les renverser, et elle se leva; mais elle vous abandonna dans toutes vos tentatives, donc elle ne des approuvait point; et là est la différence entre vos œuvres et celle de juillet; là est le mérite de celle-ci et le tort de celles-là.

Peut-on avoir lu l'histoire et parler de la sorte! L'histoire n'enseigne-t-elle pas en mille endroits que, si les nations n'ont qu'à se lever pour triompher, elles sont lentes à se lever; qu'il faut toujours que des hommes hardis les réveillent et les excitent; qu'elles ne se lèvent jamais tout d'une pièce et comme un seul homme, quoi qu'en disent les rhéteurs et les poètes; que les citoyens les plus ardens ont déjà succombé ou fort avancé la victoire, lorsque le géant sommeille, ou hésite encore gisant dans ses liens? Si la nation s'était levée le 26, le 26 elle aurait triomphé; car, aussitôt qu'elle est debout, ses ennemis tombent foudroyés ou se prosternent devant elle. Si les insurgés du 26 n'avaient pas eu le bonheur de prolonger la lutte jusqu'au 28, ce qui a tenu en partie à l'imprévoyance du ministère et aux fautes de Marmont, la nation, qui décidément paraît ne pouvoir se lever en moins de trois jours, ne se serait probablement pas levée cette fois encore, et les héros de juillet seraient, comme nous, de simples condamnés politiques. Si dans l'une ou l'autre de nos tentatives nous avions eu aussi le bonheur de tenir trois jours, la nation se serait infailliblement levée avec nous, et nous aurions triomphé avec elle; et nous serions les héros de juin (1820), ou de novembre (1827), ou de Colmar, ou de la Rochelle, ou de Saumur, ou de Bordeaux, etc.

Nous disons que la nation se serait levée avec nous; car elle en aurait eu le temps et elle avait les mêmes motifs qui, suivant nos adversaires, l'ont déterminée à se lever en 1830, les Bourbons n'ayant jamais cessé, depuis 1814, de se moquer de leur charte par des lois et par des ordonnances. Le 20 mars atteste que, dès 1815, la nation s'irritait de ces outrages et se défiait des Bourbons; or, les événemens postérieurs aux Cent-Jours ne devaient la rendre ni plus confiante ni plus patiente.

On a récompensé les héros de juillet; on vient de récompenser les vainqueurs de la Bastille; et on voudrait que les condamnés politiques n'eussent aucun titre à la bienveillance nationale, eux qui ont combattu pour la même cause, sous le même drapeau, avec moins de bonheur, mais non avec moins de dévouement et de péril! Ne voit-on pas que la prise de la Bastille et la prise du Louvre sont le commencement et la fin d'une longue et meurtrière campagne, où la liberté n'a pas toujours eu l'avantage, mais où les soldats de la liberté, à qui on ne laissait pas le choix du terrain et des armes, ayant toujours combattu aussi bien que le permettaient les circonstances, ont tous et toujours bien mérité de la patrie.

C'est surtout en vue des conspirateurs qui figurent dans nos rangs, que nos adversaires nous repoussent en masse. Nous ne saurions sans lâcheté nous séparer de ces braves compagnons. Au jour du péril ils marchaient à notre tête; après le combat nous tenons à honneur de marcher à côté d'eux. Et que signifie cet anathème lancé contre les conspirateurs, aujourd'hui qu'il y a des conspirateurs partout, dans toutes les classes de la nation, dans tous les corps de l'état, dans tous les emplois de tous genres et de tous étages, dans le ministère même, et jusque sur vos bancs; vos bancs en sont peuplés. Si l'anathème doit être général, il faut expulser de toutes les fonctions publiques les conspirateurs qui les occupent. Messieurs, cela irait haut et loin. Vous ne consentiriez jamais à une pareille mesure, et nos plus chauds adversaires auraient de bonnes raisons pour s'y opposer. Si l'anathème n'est pas général, l'exception sera-t-elle en faveur des gens de Coblentz, et des hommes de Gand, et de la coterie de Paris qni vendit la France à l'étranger en 1814, et de celle qui revendit la France en 1815; ou bien l'exception sera-t-elle en faveur des citoyens qui n'ont jamais conspiré qu'entre Français, pour la patrie, contre les étrangers et contre les princes imposés par les étrangers ? Que nos adversaires répondent; ce sont eux que nous interpellons.

Voter des récompenses à des conspirateurs, c'est, disent-ils, encourager l'esprit de sédition, et cet argument leur paraît sans réplique. — Examinons.

D'abord ce ne sont pas des récompenses, ce sont de justes indemnités que nous réclamons. *Récompense* et *indemnité* ne sont pas plus synonymes que *réprimer* et *prévenir*. Ces messieurs font semblant de s'y méprendre; depuis 1814 ils sont coutumiers du fait. Voyons pourtant s'ils entendent mieux les choses que les mots.

L'histoire de tous les temps démontre que toutes les révolutions, et surtout les révolutions nationales, commencent nécessairement par une conspiration. Épaminondas et Guillaume-Tell ne devinrent les libérateurs de leur patrie qu'en se faisant d'abord conspirateurs ; et de nos jours la révolution de juillet a commencé par une, ou plutôt par des conspirations, dont nos adversaires ont eux-mêmes proclamé l'existence, et auxquelles toute la partie active de la nation s'est associée avec ardeur, n'en déplaise aux contradicteurs du canapé.

Le bon sens parle ici comme l'expérience ; quand une nation est opprimée, tous les moyens de corruption et de puissance se trouvent concentrés dans les mains de ses oppresseurs. Ils ont pour eux les canons et les baïonnettes, l'argent et la police ; la nation n'a pour elle que son droit et sa masse. Son droit, on le méprise ; sa masse, qui la rend invincible une fois qu'elle est levée, l'empêche de se lever seule et avec assez d'ensemble et de promptitude. Il faut donc que les citoyens dévoués lui tendent la main, lui donnent le signal et l'exemple. Mais auparavant il faut que ces citoyens se soient plus d'une fois et secrètement concertés ; or, c'est là ce qu'on appelle conspirer. Que nos adversaires cherchent des exemples contraires à notre proposition et aux exemples dont nous l'avons appuyée. Dans les temps modernes ils n'en trouveront pas un ; l'antiquité ne leur en offrira guère plus, et ne leur en offrirait pas davantage, si les historiens avait été mieux instruits et plus véridiques. Nous sommes donc autorisés à conclure qu'il y a des conspirations permises, nécessaires, méritoires, s'il y a des révolutions permises, nécessaires, méritoires ; car, dit le proverbe, qui veut la fin veut les moyens.

Le seul mot de révolution effarouche certains esprits; ils les proscrivent toutes et à toujours, et sans aucun examen. Ainsi le despotisme imbécile et furieux aurait carte blanche. Caligula pourrait impunément *rafler des millions* en abattant les têtes des plus riches Gaulois; Charles IX ordonner la Saint-Barthélemy, et, de son Louvre, tirer sur les protestans fugitifs; Louis XIV diriger, de son confessionnal, les massacres des Cévennes; et Louis XV déshonorer les femmes et les filles, embastiller leurs maris et leurs pères, et ruiner le pays en disant : Peu m'importe, pourvu que cela dure autant que moi! Quoi donc! le chien, type éternel de la servitude patiente et dévouée, enfin poussé à bout par un maître brutal, pourra se révolter et le mordre; et chacun dira : C'est bien fait! et l'on veut qu'une nation se soumette indéfiniment à la main qui la pressure et la frappe! Non, cela est absurbe partout, et en France plus qu'ailleurs. Il y a donc des cas où l'honneur, l'intérêt de la patrie, la froide raison même permettent, commandent une révolution, et par conséquent les conspirations, commencement nécessaire d'une révolution nationale.

Eh bien! Messieurs, nous en appelons à vos souvenirs et à vos cœurs français, tout dans la restauration, depuis le commencement jusqu'à la fin, ne commandait-il pas une révolution? Des intrigans avaient deux fois vendu et livré la France à l'étranger; l'étranger, occupant notre territoire et braquant ses canons dans notre capitale, nous avait imposé des princes justement proscrits et rapportés dans les fourgons des cosaques; ces princes, éternels ennemis de la France et constans alliés de tous ses ennemis, s'étaient faits les commis et les valets, les percepteurs et les bourreaux de la Sainte-Alliance; ces princes, imposés par les baïonnettes étrangères, nous imposèrent une constitution, et ne cessèrent de la violer tout le long de leurs deux règnes; ces princes mutilèrent et pillèrent effrontément notre belle France; aux étrangers, leurs patrons, ils livrèrent tout d'abord de riches provinces, nos frontières du nord, les forteresses qui couvrent Paris, un immense matériel, des millions par centaines, nos musées et notre glorieux drapeau.

Mieux avisés et plus conséquens que le gouvernement de juillet, ils donnèrent tous les emplois aux émigrés, aux chouans, aux vendéens, aux verdets, aux brassards et aux transfuges de tous les régimes, c'est-à-dire à leurs anciens et à leurs nouveaux complices, qui aussitôt, et sur tous les points du territoire, se mirent à vexer, à piller, à massacrer les citoyens,

Rappelez-vous ces princes envahissant les chambres par les fournées de pairs et les fraudes électorales; et par les chambres s'emparant du pouvoir absolu, de telle sorte que les lois différaient peu ou point des ordonnances du bon plaisir.

Rappelez-vous la représentation nationale et le droit électoral outragés dans la personne de Manuel *empoigné*, et de Grégoire déclaré *indigne*; la presse enchaînée par la censure et réduite en monopole par les cautionnemens; la liberté individuelle livrée par la loi à l'arbitraire des ministres, qui la livrèrent à l'arbitraire des préfets, qui multiplièrent à l'envi les condamnations et les exils administratifs.

Rappelez-vous le double vote qui passa partout; le droit d'aînesse qui n'échoua qu'à la chambre des pairs plus clairvoyans que les députés ; le brutal licenciement de la garde nationale parisienne ; l'invasion du jésuitisme avouée par un ministre à la tribune des pairs ; les missions prêchant partout l'intolérance civile et religieuse, troublant la paix publique et brouillant les ménages ; les couvens relevés plus nombreux, plus avares que jamais, les ignorantins faisant fermer les écoles d'enseignement mutuel ; les jongleries pieuses, notamment la farce de Migné, affrontant la raison publique et révoltant le pape lui-même ; les trésors et le sang français prodigués pour anéantir la liberté en Espagne, et livrer les patriotes espagnols aux vengeances de Ferdinand, qu'ils avaient épargné ; l'armée française traînée aux processions du jubilé, et les soldats, poussés à la sainte table, y communiant à cent sous par tête.

Rappelez-vous le milliard payé aux étrangers, le milliard payé aux émigrés, et les milliards annuels arrachés en temps de paix à la France épuisée.

Rappelez-vous la mise à prix de la tête de Napoléon, effrontément placardée dans tout Paris au nom de la ville de Marseille ; la capitulation de Paris indignement violée ; les listes de proscriptions dressées sous la dictée de la Sainte-Alliance ; la tête du maréchal Ney accordée aux étrangers ; le prétendu suicide du maréchal Brune, et ses assassins justifiés par un procès-verbal imposteur ; les massacres du midi auxquels les étrangers assistèrent l'arme au bras, et comme pour prêter main-forte aux égorgeurs ; l'horrible Trestaillons ne trouvant dans la chambre des députés qu'une voix pour l'accuser, et mille protecteurs forcenés qui s'empressent de l'absoudre.

Rappelez-vous les conspirations de police, et les cours

prévôtales ; et *le fatal tombereau parcourant les campagnes ;* et ce régiment transformé, à son insu, en agent provocateur, précisément au milieu d'une population aigrie ; et la clémence royale expédiant, par le télégraphe, l'ordre d'exécuter un conspirateur de seize ans, sous les fenêtres de sa mère.

Rappelez-vous la magistrature épurée en 1815 par le maître qui la refit à son image, et les jurés choisis par les préfets ; et apprenez, par un exemple, ce que pouvait faire et ce que fit cette magistrature assistée de ces jurys. Sur la fin des Cent-Jours, ceux qui furent plus tard les brassards et les verdets, ayant prématurément risqué un mouvement royaliste, des gardes nationaux d'Arpaillargues et de Montpellier, requis par l'autorité et agissant légalement sous la conduite de leurs chefs, réprimèrent ce mouvement. Après le retour de Louis XVIII, toujours violant la capitulation de Paris qu'il avait signée, ces gardes nationaux furent, pour ce fait, traduits en jugement comme assassins, et, comme tels, condamnés, les uns aux galères, les autres à mort ; et ces jugemens furent exécutés le jour même de l'arrêt, à la lueur des flambeaux.

Supposez une nouvelle restauration ; les gardes nationaux des départemens de l'ouest seraient dans le même cas et subiraient le même sort ; car ils auraient les mêmes princes et les mêmes juges.

Voulez-vous quelque chose de pire encore ? s'il est possible ; écoutez : une conspiration avait éclaté dans l'Isère ; deux paysans, allant à la ville, sont saisis sur la route, livrés à une commission militaire, et condamnés à mort. Cependant les preuves manquaient, et les indices étaient si douteux qu'un général, alors fameux

par l'atrocité de son zèle, s'étonne de la sentence, sus-
pend l'exécution, et demande par le télégraphe une
commutation de peine. Presqu'aussitôt surviennent des
pièces irrécusables constatant l'innocence pleine et entière des deux victimes. Le télégraphe porte à Paris
cette nouvelle avec une demande en grâce au nom du
général, et bientôt le télégraphe répond : *Tuez toujours.*
On tua.

Et on aura peur, et on voudra que vous ayez peur
d'encourager l'esprit de sédition contre de pareils princes;
car nous n'avons jamais conspiré que contre eux, contre eux qui ont toujours conspiré, qui conspirent encore
aujourd'hui contre la France, et à qui une loi récente
permet de conspirer impunément jusqu'à ce qu'ils réussissent. En vérité, dans les circonstances où nous sommes,
ceux qui persévèrent ainsi à s'élever contre les ennemis
éprouvés des Bourbons, après avoir refusé toute espèce
de sanction pénale à la loi qui exile ces princes, devraient
bien plutôt avoir peur de paraître conspirer pour eux.

Vous faut-il encore un trait de caractère ? — Le
soir même où les quatre sergens de la Rochelle furent
décapités à la Grève, la famille royale donna bal aux
Tuileries !

En cela, quelques administrations imitèrent les mœurs
de la Cour : le jour où s'ouvrirent à Poitiers les assises
qui envoyèrent à l'échafaud Berton et ses complices, la
préfecture donna un grand bal, et le jour où fut prononcé l'arrêt de mort, les danses recommencèrent à la
préfecture. Ainsi, en 1815, les furies méridionales dan-
saient la farandole dans le sang et autour des cadavres
mutilés par leurs maris. Ainsi, certains sauvages dan-
sent autour des captifs qu'ils vont dévorer,

Tels sont les princes dont votre législation a eu pitié; tels sont les princes contre lesquels on a peur d'encourager l'esprit de sédition. Ah! plutôt, si la patrie vous est chère, encouragez de tout votre pouvoir, encouragez contre eux la résistance et l'insurrection; il en est temps encore, mais peut-être n'avez-vous plus qu'un jour pour y penser. Ne voyez-vous pas qu'ils reviennent déjà; que les étrangers en armes serrent leurs rangs sur nos frontières pour les ramener une troisième fois; que leurs amis de l'intérieur sont prêts à ouvrir nos portes; que, remontés au trône, ils ne manqueront pas de se dire : Nous avons échoué par la douceur en 1814, et réussi en 1815 par la perfidie et la cruauté; soyons plus cruels encore pour réussir mieux, et soyons toujours cruels pour nous maintenir toujours. Les deux opinions extrêmes, et surtout la leur, reconnaissent et proclament aujourd'hui la désolante vérité de ce mot tristement fameux : *Il n'y a que les morts qui ne reviennent pas.* Le passé vous permet-il de douter un instant qu'ils ne mettent cette maxime en pratique? Leurs sicaires ne se reposeront plus. Et lorsque les tribunaux et les commissions militaires, jugeant à tort et à travers, auront condamné les hommes les moins hostiles, le télégraphe dira encore : *Tuez toujours;* et l'on dansera encore aux Tuileries, pendant que l'on guillotinera à la Grève.

Quelques habiles espèrent sans doute manœuvrer de manière à sauver, quoi qu'il arrive, au moins leur fortune et leur vie. Qu'ils se détrompent; ils n'échapperont pas plus que nous et que vous-mêmes aux vengeances de cette famille, qui ne sera pas dupe de leur adresse; qui n'hésite pas à mettre à prix les têtes qu'elle veut abattre, mais qu'elle ne peut atteindre autrement.

Trahir pour elle, faute de mieux, n'est pas toujours un sûr moyen de se sauver; Fouché y fut pris.

Enfin, Messieurs, la restauration s'emporta si loin que la garde nationale elle-même, alors, comme aujourd'hui et comme toujours, la grande armée de l'ordre public, perdit patience au point de se faire licencier. Si donc vous preniez quelque mesure en faveur des citoyens qui ont conspiré contre la restauration, ce ne serait pas, comme on le dit, encourager indéfiniment l'esprit de sédition; ce serait tout au plus encourager les citoyens à repousser tout gouvernement qui serait à la fois imposé par l'étranger, et vassal complaisant de l'étranger; qui, abjurant toute raison, foulerait aux pieds la justice, l'humanité, l'honneur national, la constitution; qui aurait ruiné la nation et démembré son territoire; qui enfin aurait mérité d'être honni d'abord, et ensuite renversé par la garde nationale même.

De pareils gouvernemens ne tombent jamais assez tôt. Vous n'entendrez pas leur donner votre sauvegarde; or, nous repousser, ce serait les protéger; car ce serait décourager le patriotisme viril.

A ceux qui s'obstinent le plus dans leur opposition, demandez, nous vous en prions en grâce, demandez-leur ce qu'ils faisaient jadis à Coblentz, ou à Gand, ou à Paris en 1814 et 1815; demandez-leur s'ils n'ont jamais conspiré, et pour qui? S'ils ont conspiré pour les Bourbons, qu'ils se justifient eux-mêmes envers la France, ou qu'ils retournent vers leurs maîtres, dussent-ils revenir avec eux!

A d'autres, qui n'ayant jamais conspiré se ligueraient aussi contre nous, vous pourrez demander ce qu'ils ont jamais fait pour le pays; s'ils lui ont jamais sacrifié un sou de leur bourse, un cheveu de leur tête; s'ils ne sont pas de ces métis de tous les régimes qui, par prudence, déclamant toujours contre les insurrections, sont toujours les plus prompts et les plus habiles à profiter de celles qui réussissent, et de celles qui ne réussissent pas. Vous pourrez leur demander ce qu'ils étaient et ce qu'ils espéraient sous la restauration, et ce qu'ils sont ou ce qu'ils espèrent aujourd'hui. Si, par hasard, ils étaient de ces hommes de chapelles et de processions, qui voient la patrie dans leur coffre-fort, et la gloire nationale dans la satisfaction de leur vanité, vous ne leur permettrez pas de régler sur leurs convenances les convenances de la nation, les devoirs et les droits du patriotisme français.

Aux hommes loyaux et purs, vous direz que l'insurrection vaut mieux que la paix du bagne, et qu'à moins de réprouver la révolution de juillet, on ne saurait nous éconduire.

Quelques-uns, récusant le témoignage des faits, prétendent que la presse et l'opposition parlementaire suffisaient au salut de la France. Oui, sans doute, elles peuvent éclairer le gouvernement, quand il veut l'être; elles peuvent éclairer la nation, quand elle a besoin de l'être; mais, quand la nation est éclairée, quand le gouvernement s'obstine à fermer les yeux, que pourraient l'opposition parlementaire et la presse, si elles ne trouvaient pour auxiliaires les conspirations, qui amènent tôt ou tard une révolution libératrice.

Le gouvernement de la restauration brava pendant seize années tous les efforts de l'opposition parlementaire et de la presse, et les pavés de juillet le renversèrent sans le convertir.

Par ce simple exposé, nous croyons avoir suffisamment établi que les conspirateurs n'ont pas moins bien mérité de la patrie que les autres condamnés politiques ; seulement ils ont couru de plus grands dangers, et ce n'est pas là sans doute ce qui doit rendre leur cause plus mauvaise.

Après la révolution de juillet, les condamnés politiques ne demandaient qu'à être employés par le gouvernement ; c'était la seule espèce d'indemnité qui convînt alors à leur caractère ; c'était pour eux, pour le gouvernement, pour la nation même un genre de garantie qu'il ne fallait peut-être pas dédaigner. Les émolumens d'une modeste place leur paraissaient un raisonnable dédommagement de leurs pertes, et ce dédommagement ne coûtait rien au trésor. De plus, le fait seul de leur adoption par le gouvernement constituait une véritable réhabilitation ; rien ne semblait plus naturel, plus juste, plus politique. Cependant on leur a généralement préféré les hommes de la restauration, et des hommes nouveaux, patriotes excellens peut-être, mais non éprouvés comme eux par le temps et le martyre ; comme si on avait voulu marier la restauration avec la révolution de juillet, sans égard pour leur incompatibilité ; comme si on avait tenu à bien montrer qu'on ne voulait pas se brouiller sans retour avec la restauration ; comme si on avait, depuis 1830, découvert que le plus infaillible moyen de mener à bonne fin une entreprise, était d'en confier la conduite à ses ennemis naturels.

Lorsque l'opposition critiqua les choix étranges du gouvernement, un orateur du gouvernement répondit sans façon qu'on employait de préférence les hommes de la restauration, par l'unique motif qu'eux seuls étaient capables. Contre-vérité doublement bouffonne; car d'abord ce jeune orateur, homme d'esprit et de talent, n'était pas, tant s'en faut, un homme de la restauration, et de plus on le voyait déjà épier et flairer le porte-feuille dont il vient de se saisir. Le mot piquant échappé à sa vivacité n'est donc pas le mot de l'énigme; il semble plutôt que le pouvoir, trompé par une fausse doctrine, a pensé que le roi, les ministres, et quelques fonctionnaires, changés, la révolution était accomplie, et que la fortune de quelques parvenus devait faire le contentement et la sécurité de tout le monde. Il faut surtout, s'écrièrent unanimement les intéressés, respecter les positions acquises. Oui, sans doute, pour la plus grande joie de ceux qui ont des positions acquises et des vues pour l'avenir; mais non pour la sûreté publique et le maintien du nouvel ordre de choses.

On a pu être séduit par l'exemple de Henri IV. En gorgeant d'or les chefs de la Ligue, en les confirmant dans leurs charges, il parut et il crut se les être attachés. En rappelant et en caressant les jésuites, il parut et il crut les avoir gagnés. Mais lorsqu'on le voit assassiné au milieu de ses seigneurs par un adepte des jésuites, lorsqu'on voit ces seigneurs insensibles à sa mort pleurée du peuple seul, et les jésuites hériter si froidement de son cœur, on se demande si sa politique ne l'a point trahi; s'il n'a pas payé trop cher le masque dont se couvrirent ses ennemis, et si sa mort n'est pas une leçon faite pour effrayer les imprudens qui seraient tentés d'imiter sa conduite. Laissons cet exemple douteux, et passons à d'autres plus récens et plus décisifs.

La Constituante, ayant renouvelé tout l'édifice social, avait négligé de changer les fonctionnaires publics; la Cour s'aperçut qu'avec leur aide et l'appui
des étrangers, elle pourrait, à la première occasion
favorable, rétablir d'un seul mot tout l'ancien régime,
et la révolution fut compromise. La Convention, soumise aux plus terribles épreuves qu'ait jamais subies
aucun gouvernement, en sortit victorieuse, parce qu'elle
n'employa que les hommes du nouveau système, et
qu'elle rompit nettement avec l'ancien régime.

Napoléon, arrivant au pouvoir, eut soin de conférer
toutes les fonctions publiques à ses créatures, et son
empire dura quatorze ans.

En 1814, Louis XVIII crut faire un acte de fin politique en respectant, comme on dit, les positions acquises. Aussi Napoléon fut-il prophète, lorsqu'en par-
tant de l'île d'Elbe, il dit à sa poignée de braves : Mon
aigle volera de clocher en clocher jusqu'aux tours de
Notre-Dame.

Louis XVIII profita du moins de cette leçon, aujour-
d'hui dédaignée. Il ne souffrit nulle part que des hommes à lui et des ennemis de ses ennemis. Or, malgré
les efforts de la presse et de l'opposition parlementaire,
malgré les conspirations sans cesse et partout renais-
santes, malgré la répugnance et la haine de la nation,
malgré ses fautes, ses parjures et ses crimes, la seconde
Restauration dura quinze ans ; la première n'avait duré
que dix mois.

Le gouvernement est, dit-on, dans son droit ; les
emplois lui appartiennent, il les donne à qui il veut,
et la confiance ne se commande pas. A la bonne heure ;
mais comment se fait-il que la confiance du gouverne-

ment né des barricades, comme on disait en 1830 et même en 1831, aille trouver précisément les hommes de la restauration, se jette à leur tête, et poursuive jusqu'en pays étranger ceux qui affectent de la fuir, tandis qu'elle fuit avec une si étonnante constance les patriotes qui la recherchent?

Au reste, nous n'entendons ici que signaler un fait, malheureusement trop caractéristique, et dont l'indication est nécessaire à notre cause, soit que nous devions la perdre, ou que nous devions la gagner.

Dans cet état de choses, nous avons dû renoncer aux emplois qu'on nous refuse et qu'on a droit de nous refuser. Cependant nos condamnations nous ont fait éprouver des pertes dont nous souffrons encore, et dont nos familles souffrent avec nous ; ces pertes, nous les avons éprouvées pour le pays ; et, puisque le gouvernement ne veut ou ne peut pas nous accorder des emplois qui nous auraient indemnisés, sans charger le trésor, nous nous adressons à la patrie que vous représentez. Serait-il possible qu'elle ne fût généreuse que pour les vendéens et les émigrés, qu'elle leur eût rendu largement ce qu'ils avaient perdu en combattant contre elle, et qu'elle refusât de nous rendre ce que nous avons perdu en combattant pour elle? Ce n'est pas, il s'en faut de beaucoup, un milliard que nous lui demandons. Si elle ne vous a pas donné un mandat impératif attestant qu'elle veut nous traiter en marâtre, nous, ses enfans fidèles et dévoués, lui supposerez-vous une volonté si injuste, et prendrez-vous sur vous de la déclarer inhumaine et ingrate?

Il faut, Messieurs, vous dire toute la vérité : nous avons mission pour la dire, vous avez mission pour l'entendre, et le moment est venu où elle doit se dévoiler tout entière. Quel que soit le secret motif de la prédilection apparente du gouvernement pour les gens de la restauration, on s'en inquiète généralement. La malveillance observe que Cromwel moins hardi, moins ambitieux, ou moins heureux, aurait trouvé un consolant pis-aller dans le rôle de Monck. On se dit tout bas à l'oreille que la révolution de juillet, entraînée hors de sa route naturelle, marchant d'un pas douteux entre la liberté et la légitimité, mais plus près de celle-ci, aura laissé ou introduit dans l'armée et dans l'ordre civil plus d'un Bourmont et plus d'un Fouché; que la guerre qui s'approche peut commencer par un revers; qu'un nouveau Waterloo peut amener une nouvelle capitulation de Paris, qui serait violée comme la première; que la France ne serait pas plus épargnée que la Pologne, mille fois moins coupable et moins redoutable que nous aux yeux de la Sainte-Alliance; qu'une nouvelle restauration aurait par milliers des Trestaillons, à qui elle donnerait plus de licence; qu'elle retrouverait en arrivant ses juges tout installés, et ses anciennes listes de jurés; que, si les étrangers ne demandent nominativement que les grosses têtes, ils veulent qu'on se défasse à tout prix des simples patriotes; que tout ce qui a concouru à la révolution de juillet, tout ce qui en a accepté les bénéfices ou la solidarité, serait infailliblement proscrit. Là, Messieurs, dans ces sinistres prévisions se trouve peut-être le secret des émeutes spontanées, que nous croyons expliquer, sans prétendre les juger. Pour nous, Messieurs, nos antécédens et la signature de cette pétition deviendraient nos arrêts de mort; nous avons trop l'expérience des hommes et des choses pour en douter un instant. Au train que prennent les affaires, nous voyons clairement une troisième restauration, si non probable au moins très-possible; fasse le ciel qu'elle ne soit pas aussi prochaine! Et l'indemnité que nous sollicitons de vous deviendrait alors, pour ceux des condamnés politiques qui n'auraient pas le bonheur de périr les armes à la main, une indemnité de route qui les aiderait à gagner un lointain asile, où ils pourraient reposer leur tête, en attendant un nouvel affranchissement de la patrie.

La réhabilitation est si juste en elle-même, qu'un des premiers soins du gouvernement de juillet fut de la décréter par ordonnance; mais la raison dit, et des faits affligeans attestent qu'une ordonnance ne suffit point; il faut une loi politique pour abolir des arrêts définitifs. C'est à vous, Messieurs, de voir si cette loi peut décemment nous être refusée. Quand vous examinerez cette question, n'oubliez pas qu'une foule de condamnés politiques ont été envoyés aux galères : n'oubliez pas que plusieurs de ceux-là même n'avaient point conspiré; n'oubliez pas que, parmi les conspirateurs, plusieurs n'avaient cédé qu'aux suggestions perfides de la police; n'oubliez pas surtout les veuves et les enfans de ces malheureux gardes nationaux d'Arpaillargues et de Montpellier, qui ne s'étaient armés qu'à la voix de l'autorité pour défendre l'ordre public, et qui, pour cela seul, ont été flétris, ont langui dans les bagnes ou sont morts sur l'échafaud; n'oubliez pas non plus les familles de ces deux infortunés de l'Isère, que le télégraphe ordonna de *tuer toujours*. Non, vous ne pourrez pas refuser à ces enfans et à ces femmes une loi qui réhabilite la mémoire de leur maris et de leurs pères ; et ce n'est pas vous qui diviserez en catégories les condamnés politiques qu'ont unis le même patriotisme, le même dévouement, les mêmes périls, les mêmes infortunes, et qu'unissent encore les mêmes espérances.

Les Membres de la Commission des Condamnés politiques.

A. CORRÉARD, *directeur du Journal du Génie civil, membre de la Légion-d'Honneur ;* H. LEDAIN, *docteur en médecine ;* DUFEY, *avocat ;* BRISSAUD, *ancien rédacteur en chef gérant de la Gazette constitutionnelle des cultes ;* A. DUVERGIER, *lieutenant-colonel, membre de la Légion-d'Honneur, décoré de la croix de Juillet ;* ZÉNOWICZ, *colonel d'état-major, membre de la Légion-d'Honneur ;* ESNEAUX, *homme de lettres ;* BONNIN, *publiciste ;* VIAL, *négociant, décoré de la croix de Juillet ;* B. LAROCHE, *homme de lettres.*

Paris, le 15 novembre 1832.

FIN.

TABLE SOMMAIRE.

FIN DE LA TABLE.